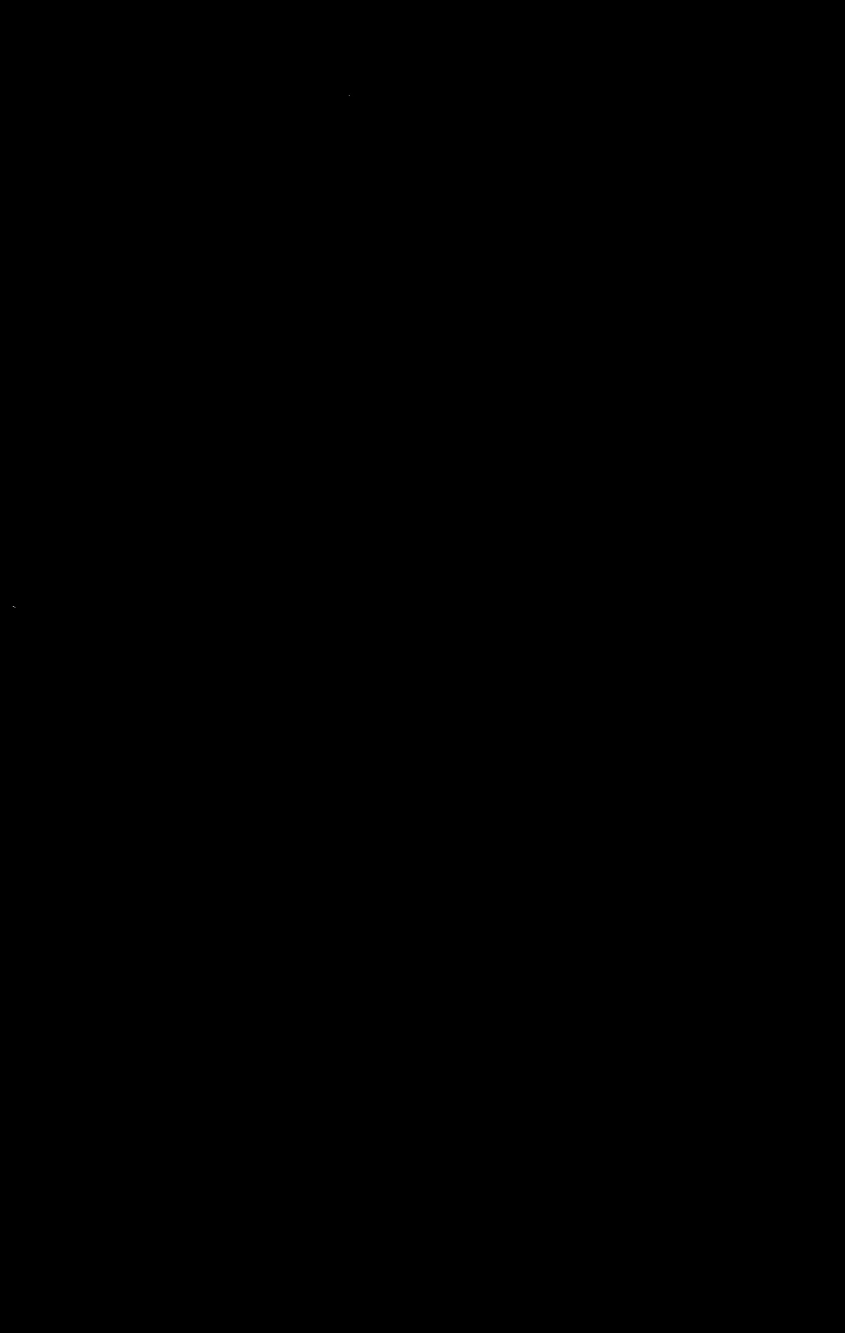

Kohlhammer

Kohlhammer Trilogien

Herausgegeben von Jörg Armbruster

Die anderen beiden Bände der Trilogie „Von Hetzern und Empörten", Benjamin Hindrichs: *Rechtspopulisten: Radikale auf dem Weg zur Macht* und Katharina Ceming: *Entspannt Euch! Warum moralische Empörung nicht hilft*, finden Sie unter:

   https://shop.kohlhammer.de/trilogien

Der Autor

 Christian Masengarb ist Politikwissenschaftler und Historiker, arbeitet als Autor und Redakteur. Früher schrieb er vor allem über die gesellschaftszersetzende Kraft des Populismus in den USA. Seit sich in Deutschland Entwicklungen wiederholen, die in den USA zum Sturm auf das Kapitol führten, schreibt er auch über die Undemokraten der Bundesrepublik.

Christian Masengarb

Make Democracy Sexy Again:
In fünf Minuten pro Woche

Verlag W. Kohlhammer

Dieses Werk einschließlich aller seiner Teile ist urheberrechtlich geschützt. Jede Verwendung außerhalb der engen Grenzen des Urheberrechts ist ohne Zustimmung des Verlags unzulässig und strafbar. Das gilt insbesondere für Vervielfältigungen, Übersetzungen, Mikroverfilmungen und für die Einspeicherung und Verarbeitung in elektronischen Systemen.

Dieses Werk enthält Hinweise/Links zu externen Websites Dritter, auf deren Inhalt der Verlag keinen Einfluss hat und die der Haftung der jeweiligen Seitenanbieter oder -betreiber unterliegen. Zum Zeitpunkt der Verlinkung wurden die externen Websites auf mögliche Rechtsverstöße überprüft und dabei keine Rechtsverletzung festgestellt. Ohne konkrete Hinweise auf eine solche Rechtsverletzung ist eine permanente inhaltliche Kontrolle der verlinkten Seiten nicht zumutbar. Sollten jedoch Rechtsverletzungen bekannt werden, werden die betroffenen externen Links soweit möglich unverzüglich entfernt.

Umschlagabbildung: © Taras – stock.adobe.com

1. Auflage 2025

Alle Rechte vorbehalten
© W. Kohlhammer GmbH, Stuttgart
Gesamtherstellung:
W. Kohlhammer GmbH, Heßbrühlstr. 69, 70565 Stuttgart
produktsicherheit@kohlhammer.de

Print:
ISBN 978-3-17-044983-1

E-Book-Formate:
pdf: ISBN 978-3-17-044984-8
epub: ISBN 978-3-17-044985-5

Print-Paket der Trilogie „Von Hetzern und Empörten":
ISBN 978-3-17-045024-0

Inhalt

Vorwort des Herausgebers 7

Hoffen wir nicht auf Retter! 15

Es liegt an uns 43

Undemokraten überlisten unser Gehirn 67

Verbreiten wir Hoffnung! 91

Unterscheiden wir echte von falscher Hoffnung! 113

Die Wahrheit finden wir nur gemeinsam 131

Fanatiker ruinieren uns 147

Jeder Schritt zählt 167

Literatur 177

Vorwort des Herausgebers

Es ist der 29. September 2024 am späten Nachmittag. Die Nationalratswahlen in Österreich gehen zu Ende. In der „Stiegl-Ambulanz", einer auf Tradition bedachten Gastwirtschaft im 9. Wiener-Bezirk, haben sie sich versammelt, die sogenannten Freiheitlichen, die Mitglieder der rechtspopulistischen FPÖ. Feiern wollen sie am Ende eines Wahlkampfes voller Hass und Hetze. Dann, kurz nach 17:00 Uhr, ist es so weit. Die erste Hochrechnung. Der blaue Balken schießt in die Höhe. Bei 29,1 Prozent bleibt er stehen. Großer Jubel. Die anderen Parteien weit abgeschlagen hinter der FPÖ. Ihre Parolen haben also gezündet bei den Wählern. Parolen wie: „Österreich den Österreichern" oder „Ausländer raus". Auf „Systemmedien" und „Einheitsparteien" schimpfte Spitzenkandidat Herbert Kickl im Wahlkampf, ein „Volkskanzler" werde er sein. Nazi-Jargon, den er offensichtlich liebt. Von der EU hält er nicht viel, um so mehr von Putin, mit dem die FPÖ ein bis heute noch nicht offiziell aufgekündigter Freundschaftsvertrag verbindet. Hilfe für die Ukraine kommt für ihn nicht in Frage. Glaubt man den demokratischen Parteien wie ÖVP, SPÖ oder den Grünen, dann ist seine Chance, irgendwann einmal tatsächlich „Volkskanzler" zu werden, allerdings gering. Trotz seines Wahlerfolges. Schon lange vor dem Wahltag hatten sie versprochen, nicht mit diesen weit rechtsstehenden Politpopulisten zu koalieren. Wie ernst ihnen dieser Schwur ist, muss sich erst noch zeigen.

Die FPÖ und Österreich sind bei weitem keine Einzelfälle in Europa. Im Gegenteil. So gut wie in jedem Land der EU lassen sich inzwischen Parteien mit ähnlich populistischen Programmen und ähnlich aggressiven Politikern ausmachen. Und damit nicht genug: Bei Wahlen sind sie fast überall erfolgreich. Schier unaufhaltsam scheinen Rechtspopulismus und Rechtsextremismus auf dem Vormarsch zu sein.

In den Niederlanden zieht der lange mitleidig belächelte Rechtsextremist und Islamhasser Geert Wilders als Graue Eminenz die Strippen der rechtskonservativen Koalitionsregierung. Einmal im Amt ist es sehr schwer, diese Demokratieverächter wieder loszuwerden. Denn gewählte Rechtspopulisten wie Italiens Giorgia Meloni, bekennende Postfaschistin und erklärter Mussolini-Fan, und Ungarns Autokrat Viktor Orbán bauen systematisch – auch mit zweifelhaften Methoden – ihre Machtbasen aus, um ihre Ämter als Staats- oder Ministerpräsidenten möglichst abzusichern. Sie versuchen die Presse gleichzuschalten, greifen in die eigentlich unabhängige Justiz ein oder beschneiden die Rechte der Opposition. Ähnliches kann man vermutlich auch von Frankreichs bekanntester Rechtsaußenpolitikerin und EU-Verächterin Marine Le Pen erwarten, sollte sie eines vielleicht nicht allzu fernen Tages in den Élysée-Palast gewählt werden. Sogar im angeblich so liberalen Skandinavien regieren inzwischen rechtsextreme Parteien mit, in Schweden die sogenannten „Schwedendemokraten", in Finnland nennen sie sich „Die wahren Finnen".

Auch in Deutschland freunden sich immer mehr Bürger mit dem Gedanken an, die in Teilen gesichert rechtsextremen Populisten der AfD zu wählen, bei den Landtagswahlen 2024 im Osten bis zu 30 Prozent. Bei der Sonntagsfrage überflügelt sie inzwischen sogar bundesweit die Kanzlerpartei SPD und liegt hinter Spitzenreiter CDU. Sie alle wollen eines: weniger Demokratie mehr Autokratie.

Warum aber gehen Wähler, von denen die meisten bislang demokratische Parteien gewählt hatten, solchen Hasspredigern auf den Leim? Was macht sie stark, was machen die demokratischen Parteien falsch? Warum sind sie europaweit so erfolgreich? Diesen und weiteren Fragen geht Benjamin Hindrichs nach im ersten Band dieser Trilogie, *Rechtspopulisten: Radikale auf dem Weg zur Macht*. Seine Antworten sind nicht erfreulich, eher beunruhigend, ja alarmierend.

Entspannt Euch, empfiehlt dagegen Katharina Ceming und warnt vor inzwischen allzu beliebten Empörungsritualen und Hypermoralismen, wenn es in Diskussionen um Gerechtigkeitsfragen, Antidiskriminierung oder Rassismus geht. Für eine Gesellschaft zweifellos wichtige, wenn nicht gar entscheidende Themen. Und natürlich müssen sich Demokraten gegen die menschenverachtenden Ideologien von ganz rechts zur Wehr setzen. Das ist überlebenswichtig für unsere Gesellschaft. Wenn auch moralische Empörung über Rechtshetzer vom Schlage Höcke und Co. nur zu verständlich ist, läuft doch vieles nicht gut bei diesen Debatten. Zu dogmatisch. Zu rechthaberisch. Zu wenig zuhörend. *Warum moralische Empörung nicht hilft*, erklärt Ceming in zweiten Band dieser Trilogie.

Heute kann schon eine Frisur ausreichen, sich den Vorwurf angeblich illegitimen kulturellen Diebstahls einzuhandeln. So geschehen im März 2022 in Hannover. Eine von Fridays for Future eingeladene weiße Reggaemusikerin wollte bei einem Klimastreik mit Dreadlocks auftreten. Als die Veranstalter von deren verfilzter Haartracht erfuhren, luden sie sie postwendend wieder aus. Der Vorwurf: kulturelle Aneignung. Ein solcher Auftritt sei „aus antikolonialistischer und antirassistischer Sicht" nicht vertretbar, teilte FFF mit. Einer Weißen stehe ein solcher, an Rastafari-Vorbildern angelehnter Kopfschmuck nicht zu.

Tatsächlich haben Dreadlocks eine koloniale Vorgeschichte. Entstanden in den Armenvierteln der jamaikanischen Hauptstadt Kingston, wollten sich die Rastafari durch ihr Erscheinungsbild von den weißen Eliten der Insel abgrenzen, um so gegen Sklaverei, Diskriminierung und koloniale Unterdrückung zu protestieren. Berechtigte Anliegen also, die man unterstützen sollte. Nur wenn solche Solidarität dazu führt, dass gutmeinende Aktivisten andere Gutmeinende einzig wegen einer Frisur cancID, weil sie glauben, das Anliegen der People of Color besonders krass schützen zu müssen, dann schießen sie weit über das Ziel hinaus. Auch übersehen sie dabei: Sich mit anderen Kulturen auseinanderzusetzen, sich mit ihnen auszutauschen, sich auch an ihnen zu reiben und am Ende Elemente der anderen zu übernehmen oder – hoffentlich – auch eigene an sie abzugeben, all das sind wichtige Voraussetzungen, dass Kulturen sich entwickeln können. Kulturelle Aneignung ist also durchaus begrüßenswert und nicht pauschal zu verdammen.

Als Folge solch kompromissloser Engstirnigkeit sieht Ceming letztendlich den allmählichen Verfall von Toleranz. Statt lebendiger Vielseitigkeit starres Schwarz-Weiß-Denken, statt Pluralismus störrische Einseitigkeit, vielleicht sogar so etwas wie Beihilfe zur Errichtung einer Gesinnungsdiktatur, kurz eine erhebliche Gefahr für die offene Gesellschaft. Gutgemeintes, so Ceming, laufe Gefahr Gutdurchdachtes außer Kraft zu setzen.

Dabei sind die zugrunde liegenden Theorien sogar progressiv gemeint und versprechen beispielsweise den benachteiligten Afroamerikaner mehr Gerechtigkeit. Die Critical Race Theory etwa geht davon aus, dass Rassismus nicht nur ein Haltungsproblem einzelner Menschen, sondern strukturell tief in den Gesellschaften verwurzelt ist, bewusst oder unbewusst. Auf dieser strukturellen Ebene sei jeder Weiße letztendlich ein Rassist, selbst dann, wenn er persönlich Menschen mit anderer Hautfarbe ausdrücklich achtet. Die strukturelle Diskriminierung sei leicht im Alltag der Benachteiligten erkennbar, so auf dem Arbeitsmarkt (bessere Jobs für Weiße), bei der Wohnungssuche (Bildung von Ghettos nach Hautfarbe) oder bei der Polizei (Racial Profiling). Wenn aber dieser sicherlich sehr nachdenkenswerte Ansatz zu Bildersturm und neuer Diskriminierung verkommt, wird er zu einem gesellschaftlichen Rückschritt. Moralisch hoch aufgeladen zwar, aber keine Lösung gesellschaftlicher Probleme.

Solcher Hypermoralismus, den Ceming eher in einem progressiven und linken Milieu verortet, führt zu Intoleranz und autoritären Strukturen in einer Gesellschaft, nicht aber zu mehr Gleichheit und Gerechtigkeit. Daher schlägt sie vor, moralisch abzurüsten. Außerdem, dem anderen mit mehr Wertschätzung zu begegnen, auch wenn der ganz anders tickt als man selbst. Kurz, sie empfiehlt: *Entspannt Euch* – moralische Empörung hilft nicht!

Ist also die Demokratie in Gefahr, gar am Ende? Zerrieben zwischen rechten Populisten und linken Moralisten? Wie viel Sorgen muss man sich um die offene Gesellschaft machen? Warum verlieren Menschen die Lust an dieser sicherlich anspruchsvollen und mit vielen Fehlern behafteten, aber dennoch besten aller Politikformen? Warum gehen sie gerade in schwierigen Zeiten den kurzen und bequemen Weg zu Allesversprechern, Fanatikern und anderen Eiferern? Und wie kann man sie zurückgewinnen, sie wieder für Demokratie begeistern, sie überzeugen, dass Populisten oder Moralisten nichts als politische Hohlschwätzer sind, die Bürger entmündigen wollen? Gar nicht so schwer, meint Christian Masengarb im dritten Band dieser Trilogie, *Make Democracy Sexy Again*. Wir erreichen die Menschen nur selten auf einer bloß rationalen Ebene. Also weniger Kopf, mehr Bauch. Demokratie müsse wieder attraktiv und aufregend, schlicht unwiderstehlich gemacht werden. Sexy eben. Etwas, wofür sich die Bevölkerung begeistert.

Aber wer soll das bitte schön machen und wie? Masengarbs Antwort: Wir alle, denn seiner Meinung nach liegt es allein an uns, also an jedem Einzelnen, ob diese für alle offene Regierungsform die Angriffe von rechts wie links erfolgreich abwehren kann. Überväter oder Übermütter, die uns in salbungsvollen Sonntagsreden erklären wollen, welche Vorteile wir von der Demokratie haben, helfen nicht. Genauso wenig lebensferne Staatsphilosophien oder komplizierte Demokratiemodelle. Schwätzer und Prediger schaden diesem großen Projekt nur. Wichtig sei, so Masengarb, dass die Demokratiefreunde ihre Zufriedenheit mit unserer Gesellschaftsform im Alltag nach außen tragen. Wichtig sei außerdem klares und nüchternes Denken, die eigenen Argumente abzuwägen, Irrtümer einzugestehen und anderen zuzuhören und Respekt zu zollen. Einander nicht das Schlechteste unterstellen. Das sind notwendige Tugenden, die eine demokratische Gesellschaft am Leben erhalten. Fanatismus erstickt sie, genauso Rechthaberei oder Einseitigkeit. Anders als autokratische Systeme leben Demokratien von Diskurs und Debatten und vom Glauben, dass allein lebendige Diskussionen eine Gesellschaft weiterbringen.

Der wichtigste Appell Masengarbs an seine Leser ist: Alle vier Jahre wählen gehen reicht nicht. Demokratie muss im Alltag gelebt werden. Von jedem Bürger. Und das jeden Tag.

Stuttgart, im Dezember 2024   Jörg Armbruster

Hoffen wir nicht auf Retter!

„Ihr sitzt nicht nach Sitzplan", sagt ein junger Geschichtslehrer gegen Mitte einer Vertretungsstunde unserer sechsten Klasse.

„Doch", entgegnen wir wahrheitsgemäß.

„Hier steht etwas anderes", sagt der Lehrer und deutet auf den Zettel auf seinem Tisch.

„Dann stimmt der Sitzplan nicht", antworten wir erstaunt.

Der Lehrer hält inne. Langsam klappt sein Kinn herunter. Er gesteht sich ein, dass stimmt, was er nicht glauben wollte. Er stottert: „Warum ... nennt ihr Peter ... Josef?"

Wie der Sitzplan zeigt, heißt Peter mit Nachnamen Goebbels. Sein Spitzname „Josef", bei dem wir ihn die Stunde über nennen, erinnert an Nazi-Größe und Kriegsverbrecher Josef Goebbels. Der Lehrer fragt sich, in welchem Umfeld Sechstklässler aufwachsen, die Klassenkameraden Massenmörder-Spitznamen aufdrücken. Damit beschreibt er das Problem meiner Heimat, das auf Deutschland überzugreifen droht.

Ich kenne Josef seit meinem dritten Lebensjahr. Bis zu meinem sechsten Lebensjahr nannte ich ihn Peter. Dann traten wir dem Fußballverein bei. „Ihr müsst Peter Josef nennen", forderte der Opa eines Mitspielers. Einige Erwachsene lachten und stimmten zu. Irgendwann machten wir mit. Das war im Jahr 1993. Als in der sechsten Klasse dem Vertretungslehrer das Kinn herunterklappt, kennen wir Peter so lange als Josef, wir bemerken erst im zweiten Anlauf, dass auf dem Sitzplan ein anderer Name steht.

Wenn ich Ihnen nun sage, dass ich aus dem Landkreis Sonneberg in Thüringen stamme, dem ersten Landkreis, der einen AfD-Landrat wählte, im ersten Bundesland, in dem die AfD bei einer Landtagswahl stärkste Partei wurde, erkennen Sie die Kette, die diese Ereignisse verbindet. Sie beginnt weder mit Wiedervereinigungs-Enttäuschungen noch mit Wut über dieser oder jener Entscheidung. Aus Unzufriedenheit könnten Thüringer auch humanistische oder ökologische Parteien wählen. Tun sie aber nicht.

Die Kette beginnt mit einer Gesellschaft, in der ein nennenswerter Teil der Menschen keine Berührungsängste mit rechtem Gedankengut pflegt oder ihm positiv gegenübersteht. Über die Ursachen will ich hier gar nicht spekulieren. Die Folgen waren allgegenwärtig: Als ich elf Jahre alt war, schenkte mir ein Nachbarsjunge eine Rechtsrock-Kassette. Der Kapitän unserer Jugend-Fußballmannschaft betrat die Kabine regelmäßig mit Hitlergruß. Auf dem PC im Informatikunterricht hatte jemand das Computerspiel *KZ-Manager* installiert.

Lassen Sie mich das klar sagen: Es ist eine Minderheit, die in meiner Heimat rechtes Gedankengut verbreitet. Aber diese Minderheit gleicht ihre zahlenmäßige Unterlegenheit durch Einsatzbereitschaft aus. Eltern baten uns immer wieder mal, Peter nicht Josef zu nennen. Der Spitzname machte ihnen Angst. Die Pro-Josef-Fraktion hielt mit Ausdauer und Entschlossenheit dagegen. Am Ende siegte sie.

Heute hat diese Minderheit genügend Menschen an rechtspopulistische Botschaften gewöhnt, dass diese Wahlen gewinnen. Ein ausreichender Teil Thüringer Wähler findet Fremdenfeindlichkeit, Verschwörungsdenken und Beleidigungstiraden attraktiver als Demokratie, Kompromisse und Einigung. Er findet sie sexyer.

Das Wort „sexy" überrascht uns in Verbindung mit politischen Themen. Aber es trifft den Kern des Problems. Niemand kann genau erklären, warum wir andere Menschen sexy finden. Einige ziehen uns an, andere nicht. Rein rational verstehen wir diesen Zusammenhang nie. Gleiches gilt für die Unterstützung rechter Parteien.

Viele Rechtswähler setzten ihre Kreuze vor einigen Jahren noch ganz links. Hinter diesen Entscheidungen steckt kein tiefes Geschichtsverständnis. Diese Wähler finden Dagegensein begehrenswert. Die Partei, die dieses Dagegensein am besten verkörpert, wählen sie. Weil nichts deutlicher dagegen ist als Rechtssein, wählt die Mehrheit derer, die so denken, heute rechte Politiker. Dafür sehen sie über Skandale und Charakterschwächen hinweg. Ganz, wie wenn wir jemanden sexy finden. Das ist bedenklich. Doch es hilft nicht, drumherum zu reden. Wollen wir das Problem lösen, müssen wir es uns eingestehen.

Derzeit blenden wir das wahre Problem oft zugunsten von Scheinerklärungen aus. Statt eine Partei von Rechtsextremen und Durchgeknallten als das zu kritisieren, was sie ist, erklären einige sie zur logischen Reaktion auf wirtschaftliche Durchhänger. Sie kehren Opfer und Täter um.

Unser Land hat schon immer mit Problemen gekämpft: Kalter Krieg und Atombombendebatten der 1950er Jahre, Ölkrisen der 1970er, Gastarbeiter, Wiedervereinigung, Terrorangst der 2000er, Agenda 2010, Afghanistankrieg, Irakkrieg. Alle Argumente, mit denen Beobachter heute den Aufstieg von Populismus und Empörungs-Moralismus begründen, treffen auch für diese Zeiten zu. Veränderungen schufen Verlustängste und Sorgen: „Warum bekommt der andere mehr als ich?" „Wie leben wir sicher?" „Wie halte ich meinen Lebensstandard?" Die Bundesrepublik diskutiert diese Fragen seit ihrer Gründung – wie jedes Land. Die Angst und der Frust, den sie auslösen, gehören zum politischen Alltag.

Seit einigen Jahren aber folgern von der CDU Enttäuschte immer seltener: „Dann wähle ich jetzt SPD", und immer häufiger: „Alle Demokraten müssen weg". Immer mehr Menschen werten jedes Problem als Scheitern der Demokratie. Immer mehr Menschen wollen bei jedem Fensterklappern das gesamte Haus einreißen.

Die Fenster klappern heute weder häufiger noch lauter als früher. Die Ölkrisen der 1970er weckten, als Wohlstandshoffnungen noch vor allem am Öl hingen, schrecklichere Ängste als die Gaskrise der 2020er. Heute lächeln wir über spielende Kinder auf autofreien Autobahnen. Statt zu folgern, dass unser Land Krisen meistert, fantasieren aber immer mehr Menschen jedes Problem zur maximalen Katastrophe. Alles ist das Ende des Abendlandes, wenn nicht gar der Welt.

Das liegt weder an den Problemen selbst noch am politischen Umgang mit ihnen. Es liegt daran, dass sich unsere Kultur verändert. Daran, dass wir als Gesellschaft anders auf Probleme reagieren. Seit Soziale Medien Untergangspropheten widerspruchsfreie Sprachrohre eröffnen, klassische Medien zerfallen und der Online-Journalismus ehemals sachliche Berichterstatter zum Boulevard-Journalismus verleitet, überlistet ein zunehmend rauer Debattenton mehr und mehr Menschen zum reflexartigen Dagegensein. In selbstherrlicher Wut und Empörung aufgelöst, verliert unsere Gesellschaft die Verbindung zur Realität.

Wir wahren Demokratie, Wohlstand und Sicherheit, indem wir dieses Problem eindämmen. Indem wir Demokratie wieder sexy machen.

Josefs Geschichte zeigt, wie jeder von uns dabei hilft: Peter hieß Josef, weil einige Überzeugte immer wieder Kleinigkeiten für dieses Ziel taten. Die Gegner warnten uns einige Male und gaben auf. Also verloren sie, obwohl sie die Mehrheit stellten. Wir retten die Demokratie, indem wir wie die Pro-Josef-Fraktion regelmäßig Kleinigkeiten für unser Ziel tun. Wollen wir in zehn und zwanzig Jahren besser leben als heute, wollen wir unseren Kindern eine sicherere Welt hinterlassen, müssen wir dafür nicht unsere Jobs kündigen und Vollzeit-Aktivisten werden. Fünf Minuten die Woche reichen, solange wir diese fünf Minuten klug einsetzen. Dieses Buch zeigt, wie wir das tun. Es zeigt, wie wir mit unerwarteten, oft übersehenen Ansatzpunkten Sicherheit und Wohlstand wahren. Ruhen wir uns nicht darauf aus, die Mehrheit zu stellen! Handeln wir jetzt! Sonst verkommen wir zur Minderheit.

Diese fünf Minuten pro Woche schützen unsere Gesellschaft auch vor „Wokeness" und „Cancel Culture"; also vor Leuten, die offene Auseinandersetzungen durch starre Moralvorstellungen ersetzen und Andersdenkende niederschreien. Ich will Moralisten und Populisten nicht gleichstellen. Moralisten nerven. Sie schaden der Demokratie. Aber sie errichten eher keine Diktaturen. Populisten schon. Populisten sind gefährlich. Diesen Unterschied will ich nicht klein reden.

Das müssen wir aber auch nicht. In diesem Buch beschäftigen uns nicht die Unterschiede zwischen beiden Phänomenen. Dafür gibt es die ersten beiden Bände dieser Trilogie. Uns beschäftigt die Frage, wie wir eine stabile Demokratie schaffen. Wir bekämpfen niemanden. Wir kämpfen *für* etwas. Weil viele Menschen Populisten und Moralisten als Gegensätze verstehen, stärken wir, sobald wir eine Seite bekämpfen, die andere. Wer beide vermeiden will, muss *für* die Demokratie kämpfen.

Weil ich Populisten für gefährlicher halte, konzentrieren wir uns in diesem Buch vor allem auf Beispiele dieser Seite. Sie zeigen eindeutiger, worum es geht und welche Gefahren uns bedrohen. Die Schlüsse, die wir daraus ableiten, stoppen aber auch den Moralismus. Auf geht's!

Wir müssen die Demokratie selbst retten

Stefan und Lisa erklären, wie wir unsere Demokratie retten: Beide lieben Fußball. Er kommt aus Dortmund, sie aus Gelsenkirchen. Nun heiraten sie.

Falls Sie jetzt mehr über Stefan und Lisa erfahren wollen, machen Sie richtig, was wir bei Debatten über Populismus und Moralismus falsch machen. Sie wissen: Fußballfans lieben die Vereine ihrer Heimatstädte. Dortmunder wachsen mit dem BVB auf, Gelsenkirchener mit Schalke 04. Also jubeln sie meist diesen Vereinen zu. Weil sich beide Teams als Erzrivalen verstehen, feuern zwei Fußballfans aus diesen Städten wahrscheinlich Erzrivalen an. Heiraten sie, erleben sie spannende Samstagnachmittage. Das macht sie interessant.

Ich muss gestehen, ich habe Stefan und Lisa an dieser Stelle erfunden. Was ich zeigen will: Das Prinzip, mit dem ich Ihnen beide interessant mache, ist selbstverständlich. Wir alle denken es sofort mit. Diese Selbstverständlichkeit vergessen wir aber in der Politik. Wer behauptet, Thüringer wählten die AfD aus Frust über Klimagesetze der Bundesregierung, kann genauso gut behaupten, Dortmunder mögen den BVB lieber als Schalke, weil S 04 zu defensiv spielt. Quatsch. Selbst wer die Schalker Taktik hasst, muss nicht für Dortmund jubeln. Ihm bleiben hunderte andere Vereine. Dortmunder mögen den BVB, weil sie mit ihm aufwachsen.

Wir verstehen Thüringer, indem wir über politische Gesinnung nachdenken wie über Fußballvereine. In meiner Jugend entsprach weit rechtes Denken dem BVB in Dortmund: Jeder begegnete ihm. So wie jeder Dortmunder für sich die Frage beantworten muss: „Willst du BVB-Fan sein?", mussten wir für uns die Frage beantworten: „Willst du rechtsextrem sein?" Einige antworteten: „Ja." Andere antworteten so entschieden „Nein", dass sie am weit linken Rand landeten. Zwischen den Extremen wirkten die Unterschiede zwischen Union, FDP, Grünen und SPD so weit weg wie zum Beispiel die Spielvereinigung Unterhaching für Dortmunder. Kaum

Kontakt. Kaum Chancen zum Verlieben. Erkennen Sie, warum die AfD von „inhaltsgleichen Altparteien" spricht?

Immer mehr Menschen wachsen in einem ähnlich rechtsverzerrten Umfeld auf wie wir damals. Vor den Landtagswahlen in Thüringen, Sachsen und Brandenburg im Herbst 2024 zeigte das Kurzvideo-Portal TikTok Erstwählern rund dreimal so viele Beiträge der AfD wie aller anderen Parteien zusammen. Bei den folgenden Wahlen gewann die AfD bei Erstwählern die meisten Stimmen. Das ist kein Zufall. Viel Kontakt schafft Vertrautheit.

Auch in anderen Bundesländern wischen sich Jugendliche stundenlang durch TikTok. Auch sie wählen künftig nach massiv populistisch verzerrten Informationen.

Die AfD versteht den Zusammenhang zwischen häufigen Erfahrungen und Vorlieben. Die chinesischen TikTok-Betreiber verstehen ihn ebenfalls. Es wird Zeit, dass wir ihn auch verstehen. Rechtspopulismus befällt erst Gesellschaften, dann Parlamente. Wollen wir die Demokratie stärken, müssen wir bei der Gesellschaft ansetzen. Der Rest ergibt sich daraus.

Wer in einer Gesellschaft aufwuchs, in der auf Schulcomputern keine *KZ-Manager* laufen, versteht das nicht. Also behauptet er, die schlechte Regierung oder andere Sündenböcke zwängen die armen Ossis zum Rechtspopulismus. Tun sie nicht. Die Bilanz der Regierung hat so wenig mit den Wahlerfolgen der AfD zu tun wie die Spielweise von Schalke mit der Liebe der Dortmunder zum BVB.

Wer das Problem verkennt, bewirbt Scheinlösungen: Beobachter behaupten gerne, wir überwänden den Populismus, indem wir die Fünf-Prozent-Hürde anpassen oder Bürgerräte einführen. Alles viel zu verkopft. Es ist, als wolle jemand Dortmunder zu Schalke-Fans machen, indem er den Mannschaftsrat von S 04 umbaut. Falsche Baustelle. Es geht nicht um Details im System.

Trotz unterschiedlicher politischer Systeme kranken Deutschland, die USA, Frankreich und Italien am gleichen Problem. Das Problem kann also nicht dem System entspringen. Wir wünschen uns Änderungen am System, weil sie von der Verantwortung befreien, selbst etwas zu tun. Jemand soll uns retten. Jemand soll einen magischen Hebel umlegen und alles wird gut.

Demokraten hoffen nicht auf Retter. Diese Hoffnung ähnelt der Hoffnung auf starke Herrscher, die mit Durchgreifen alle Probleme lösen. Demokraten wissen: Politiker arbeiten für uns. Wir sind ihre Chefs. Wir hoffen nicht, dass unsere Untergebenen das Richtige tun. Wir befehlen es ihnen. Bleibt unser Wille derzeit zu uneindeutig, müssen wir unsere Deutlichkeit nachschärfen. Nur schlechte Chefs schieben die Verantwortung auf ihre Untergebenen. Übernehmen wir die Verantwortung. Niemand rettet uns. Wir retten uns selbst oder wir gehen unter.

Eine befreiende Erkenntnis. Liegt die Lösung in unserer Gesellschaftskultur, kann jeder sofort etwas beitragen. Denn zum Glück prägt diese Kultur nicht nur uns – wir prägen auch sie. Sollen unsere Kinder einmal Sicherheit und Wohlstand genießen wie wir, soll die Welt auch in den nächsten Jahrzehnten immer besser werden, muss *und kann* jeder etwas dafür tun.

Leider verrennen wir uns fast ausschließlich in Ausreden: „Verantwortungsvollere Unternehmen", „umsichtigere

Wähler", „mehr Bildung" – immer soll jemand anderes etwas tun. Natürlich gewinnen Populisten viele Stimmen unter schlecht gebildeten Menschen. Mehr Geld für Bildung stärkt die Demokratie. Keine Frage. Aber was machen wir, bis solche Investitionen in Jahrzehnten wirken? Was, wenn die Politik sie doch nicht beschließt? Schauen wir zu? Das wäre gleichgültig. Tun wir lieber etwas!

Wollen wir unseren Kindern das Geschenk bewahren, das uns unsere Eltern in die Wiegen legten, müssen wir jetzt etwas dafür tun. Faschisten wollen Ministerpräsidenten werden. Moralisten zerpflücken jedes Wort, bis sich manche nichts mehr sagen trauen. Es liegt an uns, ob wir diese Herausforderungen annehmen, wie vernünftige Menschen Aufgaben annehmen. Oder ob wir als bequeme Feiglinge in die Geschichte eingehen, die ihr Wichtigstes leeren Parolen opfern. Auf den kommenden Seiten lernen wir, keine Feiglinge zu sein.

Warum das derzeit vor allem bedeutet, uns gegenseitig nicht zu hassen und nicht zu verachten, erklärt eine Erfahrung aus meiner Zeit bei einer Lokalzeitung.

Hassen wir einander, haben wir verloren

Als ich im Sommer 2019 die Facebook-Seite des *Miesbacher Merkur* öffne, erblicke ich ein Mysterium: Jahrelang hielt die Lokalzeitung, für die ich damals arbeite, bei Facebook eine

Fünf-Sterne-Bewertung. „Es ist so toll, dass ihr uns bei der Suche nach unserer Katze helft", lobt ein Nutzer. Andere schätzen die verlässliche Berichterstattung. Oberbayerische Normalität.

Das ändert sich am 19. Juli: Binnen Stunden werfen Dutzende Kommentatoren dem 10.000-Abonnenten-Blatt „Lügenpresse" und „DDR-Journalismus" vor. Sie entrüsten sich über Artikel zur Ermordung des Kasseler Regierungspräsidenten Walter Lübcke und „Meinungsmache zum LWB". Die Bewertung fällt wegen mehrerer gleichzeitiger Shitstorms auf einen Stern. Dabei gibt es in Miesbach gar keine Organisation mit der Abkürzung LWB. Dabei berichtete die Lokalzeitung gar nicht über den Lübke-Mord.

Als ich diese Bewertungen lese, wundere ich mich. Leser rufen normalerweise beim kleinsten Fehler in der Redaktion an oder kommen vorbei. Am 19. Juli 2019 bleibt das Telefon stumm. Niemand kommt vorbei. Niemand schreibt Leserbriefe. Nur bei Facebook bricht die Entrüstung los.

Wahrscheinlich liegt das daran, dass die Kommentatoren gar nicht in Oberbayern leben. Die wenigsten nutzen ein Profilfoto. Keinen von ihnen kenne ich aus dem Landkreis. Viele kommentieren auch Vorgänge in anderen Landkreisen und Ländern, als lebten sie dort.

Wahrscheinlich leben diese Kommentatoren 2.000 Kilometer von Oberbayern entfernt. In der Optikow-Straße 4 in Sankt Petersburg arbeiten mehr als 800 Russen in Zwölf-Stunden-Schichten am Ende unserer Demokratie. Drei Facebook-Beiträge am Tag erwarten ihre Chefs von ihnen oder 50 Posts bei X, ehemals Twitter. Andere schreiben Blogartikel, kommentieren Veröffentlichungen deutscher Medien oder erfinden Beiträge, die aussehen, als stehen sie bei *Spiegel*, *FAZ* oder *Focus*. Mit der Agentur für Internetforschung (AFI), für die sie arbeiten, will der russische Geheimdienst unsere Gesellschaft zersetzen. Seine Waffe: Verachtung.

Die russischen Trolle manipulieren seit dem Jahr 2014 die Meinung des Westens zum Ukrainekonflikt. Ihre Fehlinformationen entschieden wohl die knappe US-Präsidentschaftswahl 2016 für Donald Trump. In Deutschland wirbt die AFI vor allem für AfD und BSW. Ihre Schreiber erfinden Interviews mit Generälen, die Anti-Waffenlieferungs-Populisten als einzig verantwortungsvolle Politiker in Bezug auf den Ukrainekrieg preisen, und Internetseiten von Bauern, die über EU-Regeln klagen. Sie erfinden, was Zweifel säht.

Kennen Sie jemanden, der in Sozialen Medien oder über Messagerdienste gemeine Bilder über Politiker, Migranten und unser Land teilt? Dann kennen Sie die Beiträge der AFI. Niemand verschwendet seine Freizeit, indem er massenhaft Witzbilder über Andersdenkende bastelt. Deren Spur beginnt häufig in Russland.

Die Bildchen verdeutlichen das Ziel der AFI. Die Trolle suchen das Schlechteste in uns und verstärken es. Sie verkaufen die abscheulichsten Teile unserer Gesellschaft als Normalität. Um ihre Spuren zu verwischen, kopieren sie Profile tatsächlicher Personen mitunter monatelang, bevor sie auf Propaganda umsteigen. Teils tun Sie das dilettantisch, voller Schreibfehler und Widersprüche. Teils tun sie es brillant: Während der Vorwahlen zur US-Präsidentschaft im Jahr 2016 verbreitete ein Troll folgenden Witz über die Anhänger des linken Kandidaten Bernie Sanders: „Wann verhungern Sanders-Anhänger?

Wenn jemand ihre Sozial-Schecks unter ihren Arbeitsschuhen versteckt." Sanders-Anhänger explodierten vor Erregung. Alle anderen hielten sie für etwas dümmer, fauler, unbelehrbarer. Das Land spaltete sich.

Ich wähle bewusst ein Beispiel aus Amerika, weil ich Verzerrungen aus Deutschland nicht weitergebe. Hierzulande arbeitet die AFI nach dem gleichen Prinzip. Unsere Gesellschaft soll sich innerlich verabscheuen. Sie soll den Glauben verlieren, gemeinsam an einem Ziel zu arbeiten. Den Glauben, miteinander reden zu können, statt Andersdenkende als unwiederbringlich Falschinformierte, Idioten oder Bösewichte abzuschreiben. Wir sollen einander mit jedem Tag mehr hassen.

Dass Putin für seinen modernsten Angriff auf unsere Gesellschaftskultur zielt, unterstreicht deren Bedeutung, überrascht aber nicht. Geheimdienste nutzen Falschinformationen seit Jahrhunderten als Waffe. Internet und Soziale Medien liefern ihnen dafür nur bessere Werkzeuge. Wir sollten den Angriff also erwarten. Tun wir aber nicht. Wie ich vor dem 19. Juli 2019.

Der *Miesbacher Merkur* hält seine Horror-Bewertung bis heute. Die Redaktion hat sich nie deswegen beschwert. Niemand fürchtet gekündigte Abos, weil die Miesbacher ihre Redakteure kennen. Die Kommentare streuen aber Misstrauen. Wer neu in den Landkreis zieht, fragt sich nach dem schlechten ersten Eindruck, ob er der Lokalpresse trauen kann. Viele Nadelstiche wie diese zersetzen im Laufe der Jahre das Vertrauen, das Gesellschaften eint.

Der Angriff funktioniert wie ein Zinseszins-Effekt: Wer heute 20 Euro spart und unter sein Kopfkissen legt, hat nur 20 Euro. Wer ein Arbeitsleben lang jeden Monat 20 Euro spart und zu sechs Prozent Rendite anlegt, hat nach 45 Jahren deutlich mehr als 40.000 Euro. Entnimmt er seiner Anlage nur die Rendite, erhält er eine Zusatzrente von mehr als 200 Euro im Monat. Langfristige, stetige Handlungen entwickeln ungeheure Kräfte. Auch ein vertrauensvernichtender Kommentar im Internet bleibt für sich genommen nur eine Irritation. Unzählige vertrauensvernichtende Kommentare, täglich abgesetzt und von Menschen in Deutschland unbedacht geteilt, treten eine Lawine der Missgunst los.

Unsere Gesellschaft steht also unter Angriff von außen. Nicht nur durch Putins Trolle, auch durch Elon Musks X, ehemals Twitter, und andere. In einigen Gegenden fällt dieser Angriff auf fruchtbaren Boden und schafft so im Inneren Kräfte, die den fruchtbaren Boden ausdehnen. Schlimmstenfalls auf ganz Deutschland.

Wehren wir uns gegen diesen Angriff, sonst droht er zu gelingen! Die Demokratie überlebt eine Zeit, in der Soziale Medien unseren Alltag mit Falschnachrichten, Verschwörungstheorien und Shitstorms fluten, wenn Demokraten in Filterblasen Gefangene mit der Idee konfrontieren, dass viele Menschen die Demokratie für schützenswert halten. Vermitteln Demokraten zuallererst die Botschaft, dass sie *unabhängig von ihren konkreteren politischen Zielen* Einigung, Kompromisse und Menschenrechte als höchstes Gut ansehen, überzeugen sie auch jene, die bei Social Media in Extreme abrutschen.

Tun wir das nicht, verlieren wir. Denn Demokratiefeinde besiegen regelmäßig demokratische Mehrheiten. Die meisten Deutschen sahen die Nationalsozialisten lange skeptisch. 33 Prozent der Stimmen genügten Adolf Hitler bei der Reichstagswahl im November 1932 aber, um sich zum Reichskanzler ernennen zu lassen und die Macht zu übernehmen. Die Wahlbeteiligung eingerechnet, stimmte nur rund jeder vierte Wahlberechtigte für Hitler. Die Folgen kennen wir. Gehen wir dieses Risiko nicht erneut ein. Wie wir das vermeiden, zeigt ein Spiel, bei dem ebenfalls zuverlässig die Fieslinge siegen.

Wir brauchen einen Plan

Vielleicht kennen Sie das Gesellschaftsspiel *Werwolf*. Es veranschaulicht eine Schwäche unserer Gesellschaft und wie wir sie ausmerzen. Bei *Werwolf* spielen die Teilnehmer Bewohner eines Dorfes, unter denen sich eine Verrätergruppe befindet: die Werwölfe. Die Dorfbewohner sollen die Verräter in einer offenen Diskussion entlarven.

Zunächst zieht jeder Spieler verdeckt seine Rolle: Zwei sind Werwölfe, einer ein Seher, der Rest Dorfbewohner. Dann beginnt das Spiel. Es besteht aus Runden mit je zwei Phasen: Nacht und Tag. Nachts schließen die Dorfbewohner die Augen. Die Werwölfe, die einander kennen, zeigen stumm auf einen Mitspieler, den sie „töten". Er scheidet aus.

Am folgenden Tag finden die Dorfbewohner das Opfer und beraten, wer in der Runde ein Werwolf sein könnte. Sie wissen es aber nicht. Die Werwölfe geben sich bei Tag als Dorfbewohner aus und reden mit. Sie sähen Zweifel und legen falsche Fährten. Auf Mehrheitsbeschluss „lynchen" die Spieler schließlich einen Teilnehmer. Auch er scheidet aus.

Die Dorfbewohner gewinnen das Spiel, wenn sie beide Werwölfe ausschalten. Die Werwölfe gewinnen, wenn sie alle Dorfbewohner töten. Die Werwölfe gewinnen fast immer.

Und das, obwohl der Seher den Dorfbewohnern helfen will. Jede Nacht, während alle die Augen schließen, fragt der Seher den Spielleiter, ob ein Mitspieler ein Werwolf ist. Der Spielleiter antwortet ihm wahrheitsgemäß. Dadurch kennt der Seher die Verräter schnell. Doch das nützt ihm nichts. Bevor der Seher die Dorfbewohner überzeugt, überzeugen die Werwölfe die Dorfbewohner, den Seher zu lynchen. Schon die Behauptung „Ich bin der Seher" endet in der folgenden Nacht meist tödlich.

Das Spiel zeigt, wie einfach und vorhersehbar eine organisierte, lügende Minderheit eine unorganisierte, wohlmeinende Mehrheit besiegt. In Deutschland droht das Gleiche. Populisten spielen die wohlmeinende Mehrheit gegeneinander aus, bis sie sich selbst bekriegt. Moralisten heizen die Stimmung zusätzlich auf. Seher – Medien und Wissenschaftler – warnen die Menschen. Doch die „lynchen" eher die Seher als die Angreifer.

Das verhindern wir, indem wir uns vorbereiten. Treffen die Werwölfe statt auf unorganisierte Dorfbewohner auf eine Gruppe mit Anti-Werwolf-Regeln, verraten sie sich durch ihre

Lügen. Die Dorfbewohner gewinnen. Wir schützen unsere Demokratie, indem wir das Gleiche tun: Wir einigen uns auf einen Umgang, der die Feinde unserer Gesellschaft entlarvt und ihre Freunde schützt. Dieses Buch zeigt, wie wir das schaffen – und warum trotzdem jeder seine politischen Ziele verfolgen kann.

Zunächst räumen wir einen Irrtum aus: Wir retten die Demokratie nicht, indem wir Menschen erzählen, wie toll sie ist. Das weiß sowieso jeder.

Es reicht nicht, an die Vernunft zu appellieren

Talkshow-Aufnahmen von Altbundeskanzler Helmut Schmidt verraten eine Schwierigkeit, die wir im Kampf für die Demokratie übersehen. Der inzwischen verstorbene SPD-Politiker rauchte noch im hohen Alter bei Fernsehauftritten. Früher saßen neben ihm meist ebenfalls Gäste mit Zigarette. Gegen Ende seines Lebens rauchte außer ihm fast niemand mehr im Fernsehstudio.

Was vertrieb Zigaretten aus der Öffentlichkeit? Das Wissen um ihre Gefahren war es nicht. Ärzte warnten lange vor Helmut Schmidts Amtszeit von 1974 bis 1982 vor den Gefahren des Rauchens. Mit der Verbreitung von Zigaretten entwickelte sich Lungenkrebs zur Volkskrankheit. Von den Menschen, die älter als 80 Jahre werden, haben zwei von drei nie geraucht. Diese Zahlen kannte schon jeder, als Fernsehgäste noch pafften.

Menschen tun also oft, was ihnen schadet, obwohl sie wissen, dass es ihnen schadet. Sie handeln aber nicht völlig unüberlegt. Zigaretten finden heute weniger Kunden als in den 1960ern, obwohl sich am Produkt praktisch nichts geändert hat.

Die Menschen hören heute Warnungen, die sie lange ausblendeten, weil Experten diese Warnungen anders ausdrücken. Sterbestatistiken erreichen den langsamen, überlegten Teil unseres Gehirns. Der gleiche Teil löst Matheaufgaben und plant den Urlaub. Er versteht Gefahren. Aber er fühlt sie nicht. Deswegen entscheidet er kaum, ob wir bei Stress zur Zigarette greifen. Spontane Entscheidungen erfühlen wir eher, als sie lange zu durchdenken.

Spontane Entscheidungen trifft der schnelle, automatische Teil unseres Gehirns. Er lässt uns ohne viel Nachdenken Auto fahren, Buchseiten umblättern und Alltagshandlungen durchführen. Er erledigt mühelos vieles gleichzeitig. Aber er fühlt eher, als er denkt. Das Verlangen nach einer Zigarette fühlt er. Stellt eine Gesellschaft diesem Verlangen nur Statistiken entgegen, rauchen viele Menschen trotzdem. Jeder, der nach einem langen Tag gelegentlich gegen besseres Wissen zur Schokolade greift statt zum Salat, weiß: Im Zweifel überstimmt der fühlende Teil unseres Gehirns den logischen.

Der Begriff „sexy" beschreibt gut, wie der Autopilot unseres Gehirns denkt: Er bewertet einige Dinge als anziehend, andere nicht. Dann strebt er nach den anziehenden Dingen.

Wie das Rauchen zeigt, handelt er dabei nicht immer logisch. Manchmal bringt er uns um.

Die Psychologen Daniel Kahneman und Amos Tversky erklären, wie wir unseren Autopiloten bessere Entscheidungen treffen lassen. Dieser Autopilot folgt beispielsweise eher den Vorgaben anderer Menschen und lässt sich von Dingen beeinflussen, die er oft hört: Rauchen alle und bombardieren Hersteller die Menschen mit Marlboro-Mann und Abenteuerversprechen, greifen viele trotz besserem Wissen zum Glimmstängel. Weil sie das sexy finden.

Menschen rauchen seltener, wenn sie Zigaretten unsexy finden. Seit Tabakfirmen kaum noch werben dürfen, seit Bilder teerschwarzer Lungen auf Zigarettenschachteln die Gefahren fühlbar vermitteln und seit Rauchverbote das Qualmen erschweren, wird weniger geraucht. Greifbare Gefahren und eine kritischere Gesellschaft erreichten, woran sachliche Argumente scheiterten.

Derzeit bombardieren Populisten die Menschen mit ähnlich absurden Versprechen wie einst der Marlboro-Mann. Wieder weiß jeder: Weghören fördert die Gesundheit. Wieder scheitern einige. Wie beim Rauchen genügt es nicht, an ihre Vernunft zu appellieren.

Auch woke Moralisten reden Schädliches sexy. Im Dezember 2021 fordern Mitglieder der Protestgruppe Letzte Generation von Bundeskanzler Olaf Scholz (SPD), binnen 100 Tagen ein Gesetz gegen das Wegwerfen von Lebensmitteln in den Bundestag einzubringen. Andernfalls, drohen sie, kleben sie sich auf die Fahrbahnen deutscher Straßen. Scholz lässt sich nicht erpressen. Die Aktivisten setzen ihre Drohung um.

Später blockieren sie im Namen immer weiterer Forderungen auch Flughafen-Landebahnen, beschmieren Gebäude und bewerfen Gemälde mit Öl. Sie behaupten stolz, zivilen Ungehorsam zu leisten, um auf Klimawandel, Ungerechtigkeit hinzuweisen.

In Wahrheit stellen sich diese Protestierenden eher auf eine Stufe mit Erpressern als mit legendären gewaltlosen Widerstandskämpfern wie Mahatma Gandhi und Martin Luther King. Aufsehenerregende Aktionen wie Straßenblockaden helfen, um auf übersehene Themen hinzuweisen. Als sich der vietnamesische Mönch Thích Quảng Đức 1963 in Saigon selbst verbrennt, um auf die Unterdrückung der Buddhisten im Land aufmerksam zu machen, kämpft er für die Rechte Unterdrückter in einem zu diesem Zeitpunkt im Westen kaum beachteten Land. Das Bild seiner Verbrennung geht um die Welt. Es verändert etwas. Klimawandel und Lebensmittelverschwendung kennt aber ohnehin jeder. Die Mitglieder der Letzten Generation werden nicht unterdrückt. Sie könnten auch mit demokratischen Mitteln für ihre Ziele kämpfen. Tun sie aber nicht. Wie Raucher fühlen sie sich bei ihren Aktionen gut, schaden sich aber selbst: Ihren durchaus mehrheitsfähigen Zielen schaden sie durch nervige Staus eher.

Die Letzte Generation handelt undemokratisch und unklug. Die Mitglieder übersehen das, weil sie sich mit gutklingenden Emotionsworten einreden, die Welt zu retten. Ihre Botschaft lautet: „Wir wissen es besser. Also macht endlich, was wir wollen." Wer so denkt, ist zwar nicht so gefährlich wie ein Björn Höcke. Ein Demokrat ist er aber auch nicht. Er schafft die gleichen Probleme, wie jeder selbstgerechte Besserwisser.

Wer dagegen anredet, indem er diesen Menschen die Vorzüge der Demokratie erklärt, kann Rauchern auch Sterbestatistiken vorlesen. Er sagt ihnen, was sie ohnehin wissen. Demokratien mit freien Märkten haben fast alles hervorgebracht, was unser Leben heute verbessert. Beispiellosen Wohlstand, Flugzeug, Internet, Smartphone. Ihren Lieblingsfilm, Ihren Lieblingskünstler, alle medizinischen Geräte, die Sie je am dringendsten gebraucht haben und noch brauchen werden. Die Demokratie liefert uns derart offensichtlich die beste aller Staatsformen, alle Deutschen, auch AfD-Wähler und Verschwörungstheoretiker, wissen um ihre Vorzüge. Sie blenden sie diese aber aus, wie Raucher Sterbedaten ausblenden. Weil sie andere Dinge sexyer finden.

Das ist nicht ungewöhnlich. Wir alle tun das gelegentlich. Dann verkommt der überlegte Teil unseres Gehirns zum Rechtfertigungsgehilfen des automatischen Teils. Wir sagen Dinge wie „Auch Nichtraucher können Lungenkrebs bekommen", so wie AfD-Wähler sagen „Vielleicht hilft Björn Höcke dem Land ja doch". Fehlt nur noch: „Man kann Russisch Roulette auch überleben."

Natürlich bleibt es wichtig, die Vorzüge der Demokratie zu betonen. Selbst auf Staatshilfe angewiesene Menschen leben heute in vielem besser als Milliardäre vor 100 Jahren. Sie sterben später, beerdigen ihre Kinder seltener und kennen die Welt dank Medien und Reisemöglichkeiten besser. Weil wir uns aber mit unseren heutigen Nachbarn vergleichen, übersehen wir, wie gut es uns im Vergleich zu Menschen geht, die vor einigen Jahrzehnten nebenan wohnten. Jeder Deutsche, egal wie vermögend, genießt mehr Wohlstand und Sicherheit als 99 Prozent aller je lebenden Menschen. Das verdanken wir unserer Demokratie und anderen demokratischen Ländern, nicht Sozialisten und Faschisten, nicht Populisten und Moralisten. Gegen alle Wahrscheinlichkeit befriedet die Demokratie selbst den Krisenherd Europa. Noch nie führten zwei Demokratien gegeneinander Krieg. Wer die Demokratie erhalten will, muss das alles *auch* betonen. Damit überzeugt er den überlegten Teil unseres Gehirns. Wer unser Handeln beeinflussen will, muss aber auch unsere Gefühle erreichen.

Dazu muss unsere Gesellschaft signalisieren: Wer Anti-Demokraten wählt, verletzt weder die Bundesregierung noch einen Politiker oder eine Partei. Er schadet Nachbarn und Freunden. Er schadet Menschen, die er liebt. Seiner Familie. Sich selbst. So holen wir schwer greifbare Folgen in den Alltag. So tun wir für die Demokratie, was Schreckensbilder auf Zigarettenschachteln für unsere Gesundheit taten.

Dafür müssen wir nicht unser ganzes Leben ändern. Es reicht oft, Dinge ein wenig anders zu tun. Wie, das verdeutlicht eine überraschende Forderung zur Lokalpolitik.

Was Sie tun können: Auch lokal Parteien wählen

Selten enttäuschte mich die Wahl guter Menschen in ein Parlament so wie bei der Kommunalwahl 2024. In meiner Heimatstadt Steinach gewann die neu gegründete Freie Bürgerinitiative (FBI) fünf Sitze im Stadtrat. Neben der Bürgerinitiative Gemeinsam für Steinach (GfS, ebenfalls fünf Sitze) bildete sie die stärkste Fraktion. Die AfD holte vier Sitze, die CDU nur noch zwei. Keine weitere Partei schaffte es in den Stadtrat. Die Bürgerinitiativen haben sie verdrängt, wie in vielen Städten und Gemeinden. Ein Desaster für unsere Demokratie. Lassen Sie mich das erklären.

Die FBI vereint gute Leute. Hätten diese guten Leute ihre Sitze aber für Parteien gewonnen, hätten sie unserer Demokratie mehr geholfen. Das gilt für alle Bürgerinitiativen. Denn diese untergraben das Vertrauen in die Politik. „Wir bleiben unabhängig", steht sinngemäß auf den Internetseiten von Bürgerinitiativen und Freien Wählergemeinschaften. „Wir stehen gemeinsam für unsere Stadt, statt für Parteiklüngel und Korruption." Die genauen Worte wechseln, aber ich wette, auch Ihre örtliche Bürgerinitiative geißelt die große Politik als Gefahr, von der sich die Menschen hier, wo die Welt noch in Ordnung ist, fernhalten sollten.

Senden Kommunalpolitiker jahrzehntelang derartige Botschaften, überrascht nicht, wenn sich Bürger auch jenseits des Lokalen von der vermeintlich verdorbenen großen Politik abwenden. Wenn sie eine Alternative ersehnen oder aus Entrüstung Straßen blockieren. Wir helfen der Demokratie, indem wir diesen Botschaften unsere Unterstützung verweigern.

Parteien erfüllen in der Lokalpolitik wichtige Funktionen, deren Bedeutung über Städte und Gemeinden hinausreicht. Erstens überwinden sie starres Freund-Feind-Denken. Tritt der unausstehliche Nachbar für die SPD an und die kluge Ärztin für die CDU, lernen überzeugte Sozialdemokraten, dass die Welt von einem Kreuz beim vermeintlichen Erzfeind nicht untergeht. Bei der nächsten Wahl lernen Union-Fans umgekehrt das Gleiche. Das sind wichtige Lektionen für Demokraten. Parteien sind Werkzeuge, mit denen Wähler Ziele durchsetzen. Sie können beliebig aus ihnen wählen. So wie kein Handwerker alle Probleme mit dem Vorschlaghammer angeht, sollten sich auch Wähler nicht auf eine Partei festlegen.

Zweitens verdeutlichen Parteien auf Lokalebene, wie Politiker unterschiedlicher Parteien für gemeinsame Ziele kämpfen. CDU, SPD, Grüne und FDP arbeiten genauso „gemeinsam für Steinach" wie eine Bürgerinitiative, die diesen Namen trägt. Noch eine wichtige Lektion für Demokraten.

Drittens verleiht Lokalpolitik Parteien Bodenhaftung. Fahren Stadt- und Gemeinderatsmitglieder zu Landes- und Bundesparteitagen, tragen sie ihre Botschaft an Politiker dieser Ebenen. Einige Lokalpolitiker wechseln in die Landes- und Bundespolitik. Besser, als wenn dort nur Karrieristen landen. Wer keine abgehobenen Politzirkel will, muss die Parteienpolitik im Lokalen halten.

Viertens ermöglichen es uns Lokalparteien, die Demokratie zu mögen: So wie sich Fußballfans vor allem in Vereine ihrer Heimatstadt verlieben, begeistern sich Wähler eher für Parteien, denen sie im Alltag begegnen. In meiner Heimatstadt treffen sie auf eine auseinanderbrechende CDU, Vertreter von Bürgerinitiativen und die AfD. Das hilft nur der AfD.

Wir bewahren die Demokratie, indem wir ihre Parteien bei uns vor Ort verankern. Indem wir sie greifbar machen für alle. Indem wir lernen, uns mit Parteien auseinanderzusetzen und sie für uns einzusetzen. Wählen wir also auch im Lokalen Parteien! Bringen wir uns in Parteien ein, statt in Bürgerinitiativen! Schätzen wird lokale Parteipolitiker, statt sie als Ableger vermeintlich verdorbener Großpolitik abzuwerten! Das kostet uns weder Zeit noch Aufwand. Wir tun, was wir ohnehin tun, nur anders. Trotzdem verändern wir etwas. Gemeinsam für unser Stadtviertel, unsere Stadt oder unseren Ort einzustehen, bedeutet immer auch, gemeinsam für die Demokratie einzustehen. Es bedeutet, die Demokratie mitzudenken, statt sie als selbstverständlich vorauszusetzen. Natürlich darf jeder wählen, wen er will. Trotzdem sollten wir in der Wahlkabine den Einfluss auf die Demokratie als Ganzes bedenken.

Diese Ansätze verdeutlichen, wie wir uns in diesem Buch für die Demokratie einsetzen: Leicht anwendbar, wenig Aufwand, große Wirkung. Hier noch einige weitere Tricks.

In fünf Minuten: Demokratie mitdenken

- *Wählen gehen:* Nichtwähler stärken Undemokraten. Denn deren Anhänger stimmen ab. Der einfachste Weg, die Demokratie zu verteidigen, ist es, ein Gegengewicht zu bilden. Auch abstimmen. Den Anteil der Undemokraten an den Gesamtstimmen verringern. Bevor wir darüber reden,

ob wir Bürgerinitiativen oder Parteien wählen, gilt: Jede Stimme für Demokraten ist besser als keine Stimme.
- *Einer Partei beitreten:* Nichts verankert Parteien so stark im Leben unserer Mitmenschen, als wenn wir selbst einer angehören. Leben wir Demokratie vor! Treten wir einer Partei bei! Verlassen wir die Partei, wenn sie uns enttäuscht, und treten wir einer anderen bei! Zeigen wir, dass Parteien Werkzeuge bilden!
- *Schlechte Informationsquellen aussortieren:* Im Gegensatz zu gutem Journalismus schaden uns einige Informationsquellen eher. Ich habe zum Beispiel Instagram, Facebook und TikTok gelöscht. Alle zeigen Beiträge nach einem reichweitenorientierten Algorithmus. Wahrheitsgehalt ordnen sie Hass, Wut und Neugier unter. Emotionen binden Nutzer. Sie eignen sich aber auch hervorragend für Verschwörungstheorien. Wer Soziale Medien meidet, bekommt die Welt daher weniger schlecht geredet. Nebenbei schwächt er auch den Einfluss Sozialer Medien auf unsere Gesellschaft: Diese funktionieren nur, wenn möglichst viele Menschen sie nutzen. Je mehr von uns ihnen den Rücken kehren, umso eher müssen sie ihre Algorithmen anpassen.

Das alles zusammen schaffen Sie in unter einer Minute die Woche. Doch damit verändern Sie schon viel.

Manchmal reagieren Menschen, denen ich Ähnliches rate, zunächst enttäuscht. Sie würden lieber hören, was andere falsch machen, oder hoffen eben doch auf das eine magische Gesetz, das ohne unser Zutun alle Probleme löst. Dann gesagt zu bekommen: „Versuche erst einmal, selbst möglichst demokratisch zu handeln", ernüchtert sie. Das verstehe ich. Mich enttäuschte diese Einsicht auch erst. Dennoch, da bin ich überzeugt, zeigt sie den richtigen Weg. Im nächsten Kapitel sehen wir, warum.

Es liegt an uns

Jedes Jahr erlebt London zwei sehr ähnliche Sportereignisse mit völlig unterschiedlichen Folgen: Beim ersten Ereignis gewinnt ein Spieler das wichtigste Turnier seines Sports. Hunderte betrunkene Fans springen auf, grölen „dub, dub, duddu duu" und tanzen verkleidet auf Tischen. Andere schlafen dort schon ihren Rausch aus. Party, Party, Party.

Beim zweiten Ereignis gewinnt wieder ein Sportler das wichtigste Turnier seines Sports. Diesmal klatschen weiß gekleidete Fans sachlich. Keiner grölt, keiner tanzt auf Tischen. Höfliche Zurückhaltung statt Party.

Niemanden überrascht, dass sich die Fans bei Ereignis eins, dem Finale der Darts-WM im Alexandra Palace, anders verhalten als die Fans bei Ereignis zwei, dem Finale des Tennisturniers in Wimbledon. Jeder weiß: Alle Sportarten besitzen eine eigene Kultur. Fans folgen deren Regeln.

Auch außerhalb des Sports entwickelt jede Gruppe Menschen eine Kultur. Jede Firma, jeder Freundeskreis, jeder Verein und jede Familie legen bewusst oder unbewusst fest, welches Verhalten sie tolerieren, fördern und bestrafen.

Auch eine Spielrunde *Werwolf* folgt zwischenmenschlichen Regeln. Regeln, die sich die Dorfbewohner von den Verrätern aufzwingen lassen, oder Regeln, die sie selbst aufstellen, um Verräter zu entlarven. Wollen die Dorfbewohner überleben, müssen sie die Regeln selbst wählen. Gleiches gilt für unsere Gesellschaft.

Denn auch jede Gesellschaft entwickelt eine Kultur. Sie besteht aus harten Regeln (Mord bestrafen wir mit Gefängnis), weichen Vorgaben (Bier zum Frühstück ahnden wir mit hochgezogenen Augenbrauen) und Erwartungen an die Zukunft (Wir wollen in zehn Jahren besser leben als heute). Andere Gesellschaften folgen teils gleichen, teils anderen Regeln.

Die Kultur einer Gesellschaft verleiht ihren Mitgliedern Sinn. So wie die Kultur einer Sportart ihren Fans Sinn darin vermittelt, vornehm klatschend oder laut grölend Erwachsenen dafür zuzujubeln, ein Sportgerät von A nach B zu befördern, zeigt uns unsere Gesellschaftskultur den großen Sinn im Auf und Ab der Welt. Sie erklärt, wonach wir gemeinsam streben, während die Wirtschaft mal boomt und mal schrumpft, während Kriege ausbrechen und enden. Sie zeigt uns, warum unser Land mehr ist als ein Blatt im Sturm der Zeit. Sie zeigt uns, warum *wir* wichtig sind.

Oder nicht. Die Kultur einer Gesellschaft kann auch aus Hoffnungslosigkeit bestehen, aus Zynismus und dem Glauben, es werde sowieso alles immer schlimmer. Solche Kulturen rauben ihren Bürgern Gemeinschaftsgefühl, Zukunftshoffnung und die Überzeugung, Herausforderungen gemeinsam zu bewältigen. Diese Kulturen lähmen Gesellschaften. Glauben Menschen, es sei ohnehin alles verloren, verhalten sie sich schlechter und dulden eher schlechtes Verhalten anderer.

Die Folgen dieses Unterschieds kennen wir alle: In manchen Ländern zahlen fast alle Menschen ihre Steuern: „Wie soll die Gesellschaft sonst funktionieren?" In anderen Ländern hinterziehen Menschen Steuern, so gut es geht: „Macht ja jeder." Einige Länder wählen keine verurteilten Verbrecher. Andere wählen Donald Trump. Lange hätte kaum jemand in Deutschland Rechtsradikale gewählt. In Thüringen gewann Björn Höcke eine Wahl. Unsere Kultur bestimmt unser Verhalten.

Das ist keine Frage von links oder rechts, konservativ oder grün, schlanker Staat oder viel Umverteilung. Es ist eine Frage der grundsätzlichen Einstellung. Parteien wie Union, FDP, Grüne und SPD vermitteln grundsätzlich hoffnungsvolle Gesellschaftsbilder. Sie sehen uns auf dem Weg in eine lebenswerte, bessere Zukunft, die wir selbst gestalten. Die Frage lautet, welche Werkzeuge wir dafür einsetzen.

Populisten und Moralisten verbreiten die Negativität, die Gesellschaften lähmt. Populisten sehen uns auf dem sicheren Weg in Untergang und Armut. Keine Hoffnung, keine Mitgestaltung. Sie fragen, mit welchen drastischen Maßnahmen wir die dunklen Kräfte entmachten, die gegen uns arbeiten. Moralisten sehen uns auf den Weg in endlose Ungerechtigkeit und Katastrophen. Wieder keine Hoffnung, wieder keine Mitgestaltung. Sie fragen, wie wir die Welt auf den richtigen Weg zurückzwingen.

Damit schaden sie jedem von uns. So wie sich Fans nie völlig von der Kultur ihres Sports befreien, diese aber umgekehrt durch ihr Verhalten prägen, beeinflussen wir ständig die Regeln unserer Gesellschaft und unsere Gesellschaft beeinflusst uns. Jeder von uns trägt einen Partytypen in sich und einen Höflichklatscher. Ob wir in Wimbledon Tennis sehen oder im Ally Pally Darts, bestimmt, wen wir herauslassen.

Die meisten von uns tragen auch einen Harmoniemenschen in sich und einen Nörgler, einen Menschenfreund und einen Wutbürger, einen empörten Moralisten und einen sachlichen Mehrheitsentscheider. Die Gesellschaftskultur bestimmt mit, wen wir herauslassen. Gesellschaften, in denen sich Wutbürger und Moralisten bekriegen, lösen Probleme schlechter als Gesellschaften kompromissbereiter Optimisten. Unsere Gesellschaftskultur kehrt das Gute in uns hervor oder das Schlechte.

Blenden wir diesen Zusammenhang in unserem Einsatz für die Demokratie aus, verurteilen wir ihn zum Scheitern. Unsere Vorfahren überlebten nur in Gruppen. Die Evolution hat uns darauf programmiert, uns nach der Gesellschaft zu richten. Schon die drei wichtigsten Programmierungen verdeutlichen, warum wir die Gesellschaft mitdenken müssen:

- *Herden-Tendenz:* Um Konflikte zu vermeiden, richten wir unser Verhalten und unsere Überzeugungen eher nach der Mehrheit. Rauchen alle, rauchen wir auch. „War halt damals so", sagen wir später. Auch bei Mode, Musik und Hobbies richten wir uns meist nach Gesellschaftsvorgaben. Sollen die Menschen um uns die Demokratie lieben, müssen wir diese Liebe also vorleben.
- *Verfügbarkeits-Abkürzung:* Wir schätzen die Wahrscheinlichkeit von Ereignissen und Ergebnissen anhand schnell verfügbarer Erinnerungen ein, nicht anhand tiefgreifende Analysen. „Heult der Wolf, steigt die Gefahr für Wolfsangriffe" lieferte unseren Vorfahren eine recht genaue Einschätzung der Gefahrenlage. Heute gilt das nicht mehr: „Ich erinnere mich gut an Geschichten

über Flugzeugabstürze, aber kaum an Geschichten über Autounfälle" sagt nichts über die Gefahren dieser Verkehrsmittel aus. Auch Wahlsiege für Demokraten überzeugen die Mitglieder unserer Gesellschaft also nicht, dass viele von uns die Demokratie für schützenswert halten. Aufsehenerregende Aktionen von Populisten und Moralisten schaffen, wie Flugzeugabstürze, verfügbarere Erinnerungen. Sollen unsere Gesellschaft Demokratieliebe verbreiten, müssen wir die Botschaft täglich verfügbar machen. Viele Menschen müssen regelmäßig zeigen, dass sie die Demokratie mögen.

- *Gerechte-Welt-Glaube:* Getreu dem Motto „Irgendetwas müssen sie ja getan haben" schreiben wir Opfern schrecklicher Ereignisse eine Teilschuld zu und Profiteuren einen Verdienst. Dieser Effekt lässt Menschen bei Verbrechen wegschauen, vergewaltigten Frauen andere Kleidung empfehlen und die Ukraine für den Überfall Putins verantwortlich machen. Gewinnen Populisten Stimmen, indem sie die Bundesregierung als schlimmste Regierung aller Zeiten beschimpfen, folgern wir, diese Beschimpfungen seien berechtigt. Wir übersehen, dass sie mehr über die Populisten aussagen als über die Regierung.

Diese Punkte erklären den Zinseszins-Effekt, den wir bereits angesprochen haben. Überzeugen Populisten genügend Menschen, Demokratie als Belastung zu verstehen, entwickelt diese Gruppe eine Eigendynamik. Wie ein Schneeball, der bergab rollt, verfestigt sich der Kern und zieht an den Rändern mehr

Menschen an. Immer mehr Leute wollen dazugehören. Immer weniger Leute können sich vorstellen, die Gruppe zu verlassen. Sehen sich einmal ganze Gegenden als Anhänger von Populisten, stimmen wir sie nur schwer um. Wie jemand, der im Borussia-Dortmund-Fanblock für den FC Schalke 04 wirbt, scheitern wir an unüberwindbaren Abwehrmechanismen.

Wir schauen uns später noch an, wie wir diesen Effekt ausbremsen. Vorerst bleibt wichtig: Der Effekt birgt eine Gefahr. Entfernen wir uns einmal von einer demokratischen Gesellschaft, wird der Weg zurück lang und schwer. Wahrheitspropheten ziehen Menschen derart in ihren Bann, dass diese ihren Scheinwelten oft nur nach großen Katastrophen entkommen. Es ist leichter, die Demokratie heute zu verteidigen, als sie später wieder aufzubauen.

Fürchte die Wahrheitspropheten!

An einem Dienstag im Jahr 1945 bricht für Armin die Welt zusammen, wie sie für alle Anhänger von Wahrheitspropheten irgendwann zusammenbricht. Acht Jahre zuvor, als Zehnjähriger, war Armin der Hitlerjugend beigetreten. Acht Jahre hat er ihre Werte gelebt, ihre Ausflüge geliebt. Nun ist alles vorbei.

An diesem Dienstag, dem 1. Mai 1945, erschüttert Deutschland die Nachricht vom Tod des Mannes, den Armin verehrte: Adolf Hitler hat sich in Berlin erschossen. Eine Woche später kapituliert die Wehrmacht. Der Zweite Weltkrieg endet. Deutschland muss sich mit Schrecken wie Holocaust und Massenmorden auseinandersetzen. Armins vermeintliche Ideale entpuppen sich als Lügen.

„Nun sollten alle diese Worte, für die wir durchs Feuer gegangen wären, nur Lug und Trug gewesen sein?", erinnert sich der damals 19-Jährige ein Jahr nach Kriegsende in seiner Abiturprüfung. „Ich stand vor einem Abgrund. Kann man denn nach diesem Erlebnis noch irgendeinem Menschen trauen?" Wie Armin fühlt sich 1945 eine Generation. Sie fühlen sich als Opfer einer Gesellschaftskultur, die ihre besten Absichten für Abscheuliches missbrauchte.

Dieselben Bürger, die Deutschland im ersten Drittel des 20. Jahrhunderts zum Weltführer in Wissenschaft und Philosophie erhoben, entfesselten den schlimmsten Terror der Geschichte. Nach dem Krieg schufen sie im Westteil bislang 80 Jahre Frieden. Im Ostteil stürzten sie die sozialistische Diktatur mit einer friedlichen Revolution. Die Menschen blieben gleich. Unterschiedliche Kulturen schufen unterschiedliche Ergebnisse.

Damit verdeutlichen sie ein Dilemma: Politiker, die in ihren Anhängern die größten Hoffnungen wecken, verursachen oft die grausamsten Erwachen. Bei Auftritten Adolf Hitlers vergossen Zuschauer Freudentränen. Bei Auftritten demokratischer Politiker der Weimarer Republik reagierten die Menschen zurückhaltender. Einige klatschten, einige gähnten. Keine Freudentränen, keine Ekstase. In den USA stürmten im Jahr 2021 fanatische Anhänger des Rechtspopulisten Donald Trump das Kapitol, während Anhänger des demokratischen

Wahlsiegers Joe Biden zwei Monate vorher oft nicht einmal den Weg ins Wahllokal auf sich nahmen. In Deutschland verbreiteten AfD-Anhänger noch feurig Verschwörungstheorien über eine Corona-Diktatur, als die Rückkehr zur Normalität nach Pandemie-Ende Diktatur-Erzählungen längst als Erfindung entlarvte.

Gefährliche Politiker erreichen unsere Gefühle besser als sachliche. Die Bände eins und zwei dieser Trilogie zeigen, wieso in Deutschland Populisten und Moralisten Menschen eine gefühlte Heimat schenken, während sie dem Land schaden. Sie manipulieren unsere Gefühle: Wut, Empörung, der Glaube, für das Gute zu kämpfe. Das stichelt uns an.

Demokraten denken nüchterner. Viele Menschen dulden die Werte, die unseren Wohlstand und unsere Sicherheit schufen, daher eher, als sie zu lieben: Kompromissbereitschaft und stetige kleine Verbesserungen begeistern niemanden. Sie gleichen einem VW Golf: Gut, zuverlässig, langweilig.

Demokratien vergehen daher nicht nach einem flammenden Kampf zwischen Demokraten und Anti-Demokraten. Sie vergehen mit Gleichgültigkeit und Achselzucken. „Ach, egal." „So schlimm wird's schon nicht werden." Ihrer Bürger opfern die Grundlage, der sie alles verdanken, als ginge es um die Wahl eines Restaurants zum Abendessen.

Dieses Dilemma gehört zur Demokratie wie das Wasser zum Meer. Demokratien schaffen Wohlstand, weil ihre Bürger Politiker nicht verehren, sondern sachlich aussortieren. Distanziertheit legt das Fundament ihres Erfolgs. Ihre größte Stärke ist ihre größte Schwäche. Wollen wir die Stärke behalten, müssen wir mit der Schwäche umgehen. Wer von den Deutschen verlangt, ihre Kanzler zu lieben wie erzkonservative US-Amerikaner Donald Trump, schafft mehr Probleme als er löst. Auch wer Wähler auffordert, die Demokratie mehr zu lieben als einzelne Politiker, macht es sich zu einfach: Unsere Gehirne begeistern sich immer leichter für Menschen als für abstrakte Systeme. Sexy Sänger verkaufen mehr Alben als gut geschriebene Songs. Das ändern wir nie. Verlangen wir von den Menschen, was ihrer genetischen Programmierung widerspricht, scheitern wir.

Eine demokratische Gesellschaftskultur löst dieses Problem. Weil sie von den Menschen ausgeht, schenkt sie uns das Gefühl von Gemeinschaft, Sicherheit und Menschlichkeit, das abstrakten politischen Systemen fehlt. Wer Individualität liebt, kann sich nur in einer demokratischen Kultur verwirklichen. Wer Strukturen und Autoritäten schätzt, findet in ihr Regeln, Vorgaben und Traditionen. Während Populisten vor allem hierarchisch Denkende erreichen und Moralisten eher Individualisten, können nur Demokraten alle erreichen. Nur sie können unsere Gesellschaft auf Jahrzehnte zusammenhalten.

Diese Kultur schaffen wir, indem wir zuallererst Verantwortung für unsere Gesellschaft übernehmen: Alles, was in ihr passiert – Gutes wie Schlechtes –, ist unser Schuld.

Übernehmen wir Verantwortung!

Am 14. Dezember 2005 richten die Wärter des San Quentin State Prison in Kalifornien einen Menschen hin, der für den Friedensnobelpreis nominiert war. Um 0 Uhr rufen die Gefängnisleiter Gouverneur Arnold Schwarzenegger an. Um 0:01 Uhr sagt dieser ihnen, die Exekution nicht in letzter Sekunde aufzuschieben. Kurz darauf betritt Stanley Tookie Williams die Hinrichtungszelle, legt sich auf eine Liege und lässt sich von den Wärtern festschnallen. Während eine Träne über Williams' Wange rollt, schließt eine Mitarbeiterin ihn an einen Herzmonitor an und sticht ihm zwei Infusionsnadeln in den Arm. Um 0:18 Uhr schießt ein Mitarbeiter durch diese Nadel drei Infusionen. Williams schläft ein. Seine Atmung setzt aus. Sein Herz stoppt. Um 00:35 Uhr erklärt der Arzt Williams für tot. Als die Zeugen der Hinrichtung den Nebenraum verlassen, rufen drei Freunde Williams': „Der Staat Kalifornien hat gerade einen Unschuldigen getötet."

Unschuldig war Williams nicht. Als Mitgründer und langjähriger Anführer der Straßengang Cribs brachte er Bandengewalt nach Los Angeles. Für vier Morde verurteilte ihn das Gericht. Vielleicht beging er weitere. Andere Menschen starben zwar nicht durch, aber wegen ihm.

Bei Williams' Hinrichtung liegen diese Morde aber Jahrzehnte zurück. In seinen 24 Jahre hinter Gittern hat der ehemals Drogensüchtige dem Verbrechen abgeschworen. Er hat Jugendliche in Büchern vor Gangs gewarnt. Einige sehen in ihm einen amerikanischen Nelson Mandela. Dieser Ruf bringt ihm die Nominierung für den Friedensnobelpreis.

Ein heute wertvolles Mitglied der Gemeinschaft sollte nicht für jahrzehntealte Verbrechen sterben, fordern Tausende Demonstranten während der Hinrichtung vor dem Gefängnis. Promis flehen Gouverneur Arnold Schwarzenegger an, die Exekution auszusetzen. Befürworter harter Strafen fordern hingegen, sie durchzuführen. Schwarzenegger entscheidet sich für das zweite Lager. Williams stirbt.

Ich erzähle an diese Stelle bewusst eine Geschichte aus einem anderen Land, weil die wenigsten Leser hierzulande dazu eine Meinung besitzen. Ohne die Hinrichtung zu bewerten, können wir uns unvoreingenommen fragen: Wer tötete Williams? Der Wärter, der ihm die Infusionen spritzte? Er tat seinen Job. Arnold Schwarzenegger, der ihm diesen Job nicht untersagte? Er tat, was ein Gericht entschieden hatte, was die Gesetze vorschrieben und die Mehrheit der Kalifornier unterstützte. Trägt diese Mehrheit der Todesstrafe-Befürworter die Verantwortung? Oder die Minderheit der Todesstrafe-Gegner, weil sie zu wenig für ihre Position warb? Beide Gruppen? Keine?

In einer Demokratie endet die Suche nach Verantwortlichen großer Entwicklungen bei Strohmännern. Politiker lösen einzelne Herausforderungen manchmal besser, manchmal schlechter. Vielleicht versemmelt ein Minister ein wichtiges Gesetz. Vielleicht dauert eine Entscheidung länger als nötig. Ob das Gesetz am Ende aber kommt oder nicht, ob die Entscheidung langfristig Bestand hat und ob wir in einem Land mit oder ohne Todesstrafe leben, entscheidet die Gesellschaft. In einer anderen Gesellschaftskultur hätte es keine Todesstrafe gegeben oder Schwarzenegger hätte Williams begnadigt, um Stimmen zu gewinnen.

Das bringt uns zum Ausruf von Williams Freunden, der Staat Kalifornien habe einen Unschuldigen getötet. Williams war kein Unschuldiger. Getötet allerdings, das stimmt, hat ihn der gesamte Staat Kalifornien. Jeder Bürger, Politiker, Aktivist und Journalist. Jeder Student, Arbeiter und Banker. Alle schufen eine Umgebung, in der ein geläuterter Gangster für ein Vierteljahrhundert alte Verbrechen stirbt. Das können wir richtig oder falsch finden. Wichtig ist, zu verstehen, warum es geschieht: Ob unsere Gesellschaft Menschen hinrichtet oder nicht, liegt an uns. Wir sind für das Ergebnis verantwortlich. Wie für alles, was in unserer Gesellschaft geschieht.

Gesetze verschriftlichen nur die Gesellschaftskultur einer Demokratie. Erlassen Parlamente Gesetze, die der Gesellschaftskultur widersprechen, passen bald neue Mehrheiten die Gesetze wieder der Kultur an. Wir erreichen Veränderungen nicht, indem wir einzelne Politiker tauschen oder einzelne Gesetze ändern. Wir erreichen Veränderungen, indem wir die Umgebung verändern, in der Politiker regieren und Gesetze beschließen.

Wahlen stellen wichtige Weichen. Solange wir keine Demokratiefeinde ermächtigen, bestimmt über lange Zeiträume aber die Gesellschaftskultur die Politik: Sie entscheidet, welche Politiker die Parteien zur Wahl stellen und welche Themen diese besetzen.

Populisten wissen das. AfD, Sahra Wagenknecht und Co. versuchen in Reden und Sozialen Medien gar nicht, sinnvolle Lösungsvorschläge zu verbreiten. Sie verbreiten Verschwörungstheorien, die den Glauben an Staat und Gesellschaft zerfressen, weil sie die Menschen dann leichter für ihre Zwecke missbrauchen. Vladimir Putin unterstützt sie, weil er weiß: Schadet er unserer Gesellschaft, schadet er unserem Land.

Demokraten begegnen dem nur auf Augenhöhe, wenn sie nicht nur für ihre eigenen inhaltlichen Ziele werben. Sie müssen auch für die Demokratie selbst werben. Viele Menschen kämpfen dafür, dass jeder denken muss, wie sie. Nur Demokraten kämpfen dafür, dass jeder denken darf, was er will. Das ist eine Hammer-Botschaft. Aber wir müssen sie auch verbreiten. Stets muss anklingen: Egal wie wir heute entscheiden, ob wir die Steuern erhöhen oder senken, ob wir auf erneuerbare Energien setzen oder auf Kernkraft: Schaffen wir eine auf Vielfalt und Kompromiss zielende Gesellschaftskultur, sind wir auf einem guten Weg, alle unserer Probleme zu lösen. Kein kurzfristigstes Ziel ist wichtiger.

Wie wir trotzdem unsere politischen Ziele umsetzen und gleichzeitig die Demokratie stärken, erklärt eine Panik der 1980er Jahre.

Gutes kommt nicht von allein

Als Gesundheitsministerin Rita Süssmuth an ihrem 50. Geburtstag vor der größten Herausforderung ihrer politischen

Karriere steht, rettet sie sich dank der Gesellschaftskultur. Im Februar 1987 verhandelt die CDU-Politikerin in der damaligen Bundeshauptstadt Bonn zusammen mit den Spitzen von Union und FDP einen Koalitionsvertrag. Bei ihrem Herzensthema droht ihr der Super-Gau.

Millionen Deutsche fürchten sich zu dieser Zeit vor der Anfang der 1980er Jahre neu aufgetretenen Immunschwächekrankheit Aids. Ausgelöst vom HI-Virus, tötet die sexuell übertragbare Krankheit zunächst vor allem junge Homosexuelle. Dann breitet sie sich immer weiter aus. 1987 glauben neun von zehn Deutschen, niemand sei vor ihr sicher.

Wieder bestimmt die Gesellschaftskultur die Politik: Fürchten sich die Menschen, muss die Regierung handeln. Aber wie? Gesundheitsministerin Süssmuth setzt auf Aufklärung und Eigenverantwortung: Erkrankte schützen andere freiwillig, meint sie. Man müsse ihnen nur erklären wie.

1987 trifft sie damit auf Widerstand. Der bayerische Innenminister Peter Gauweiler (CSU) bezeichnet Homosexuelle als „Aussätzige". Obwohl zu dieser Zeit längst viele Heterosexuelle an der Immunschwäche leiden, sieht er Aids weiter als Schwulenkrankheit. Er will Prostituierte, Junkies und Schwule notfalls per Polizeizwang testen sowie Erkrankte öffentlich kennzeichnen. Der damalige CSU-Bundestagsabgeordnete Horst Seehofer will sie in „spezielle Heime" sperren. Millionen besorgte Deutsche unterstützten diesen Radikalkurs. Daher tendieren auch die Koalitionäre eher zu harten Maßnahmen. Süssmuth sagt: „Wir sind auf der absoluten Verliererstraße."

Süssmuth weiß, dass sie den Radikalkurs nur verhindert, indem sie die Öffentlichkeit überzeugt. Die Politik folgt von allein. Also startet sie die Kampagne „Gib Aids keine Chance", in der Prominente HIV-Schutz erklären. Aidshelfer verteilen Kondome. Wissenschaftler zeigen, wie man sachlich über die Krankheit spricht. Ende 1987 sinken die Infektionszahlen. Weil viele Menschen für Nachsicht werben, lernt Deutschland, mit der Krankheit zu leben.

Heute sind die meisten Deutschen froh, Aidskranke weder ausgegrenzt noch Homosexuelle zwangsgetestet zu haben. Süssmuth erreichte dieses Ziel aber nicht, indem sie Verschwörungstheorien verbreitete oder sich auf Straßen klebte. Sie erreichte es, indem sie ihre Botschaft klug allen verfügbar machte. Indem sie Verständnis attraktiver machte als Angst. Jeder, der in den 1980er und 1990er Jahren für Nachsicht gegenüber HIV-Patienten warb, half ihr dabei.

Ähnlich verliefen alle Entwicklungen, die unser Land heute prägen. Homoehe, mehr Recycling, weniger CO_2: Immer kämpften viele Menschen viele Jahre für Veränderungen. Als sie die Gesellschaft überzeugten, setzte die Politik ihre Forderungen um. Auch künftig entscheiden wir, ob die Gesellschaft die Politik in die richtige Richtung treibt oder in die falsche. Wer in die richtige Richtung gehen will, muss sich einbringen. Nur die falsche Richtung kommt von allein.

Damit stärken wir gleichzeitig die Demokratie, weil wir vorleben: In einer Demokratie tut eine Regierung, was die Mehrheit will, oder sie wird abgewählt. Die Gesellschaftskultur formt die Mehrheitsmeinung. Wer die Gesellschaftskultur verändert, verändert die Mehrheitsmeinung und damit die Vorgabe, nach der sich die Politik richtet. All das sprach die

Aidskampagne nicht aus. Aber sie vermittelte es unausgesprochen. Sie machte Demokratie erlebbar.

Wir wahren unsere Demokratie, indem wir wie Süssmuth für unsere Ziele werben – sachlich, ruhig, mehrheitsorientiert –, statt uns in Entrüstung oder Verschwörungsdenken zu verlieren. Wie jeder von uns im Alltag etwas mehr Ruhe verbreitet, erklärt eine Sitcom mit einem zeitlosen Problem.

Was Sie tun können: Wut eindämmen

Al Bundy, der trottelige Anti-Held der Fernsehserie *Eine schrecklich nette Familie* aus den 80er und 90er Jahren, verdeutlicht, wie wir nicht mit Populisten umgehen sollten. Als sich in einer Folge ein Fernsehmoderator als Feminist bezeichnet, gründet Al mit Freunden die frauenfeindliche Organisation *No Ma'am*. Sie besetzen das Fernsehstudio, knebeln den Moderator und verlesen Forderungen: „Ihr wollt einen Nur-für-Frauen-Abend? Dann verbringt ihn in der Küche und kocht für euren Mann!" Oder: „Verlangt nicht, dass wir knutschen oder reden nach dem Sex. Oder vor dem Sex. Oder während dem Sex. Ihr könnt froh sein, wenn wir die Hosen ausziehen!" Reichlich populistisch, reichlich angreifbar.

Al Bundys Erzfeindin Marcy lässt sich das nicht gefallen. Sie fährt ins Studio, ergreift das Mikrofon und stellt Al zur Rede: „Kommen wir zu eurer Forderung, während des Sex nicht zu reden. Der einzige Grund, dass wir das wollen, ist, damit wir wissen, wann ihr fertig seid."

Al stottert. „Ach ja ... Dann ... Du bist ein Huhn!" Die No-Ma'am-Mitglieder grölen: „Ja!" „Yippie!"

Marcy setzt nach: „Wenn es wahr ist, dass wir so wenig Zeit in der Küche verbringen, wie kommt es dann, dass ihr so viel Zeit auf dem Klo verbringt?"

Al stottert wieder. „Weil wir ... Du bist ein Huhn!" Wieder jubeln die No-Ma'am-Anhänger: „Gib's ihr, Al!"

Marcy kann sich ihre Energie sparen. Nichts stimmt die No-Ma'am-Jungs um. Sie bejubeln selbst Gestammel.

Erinnert Sie die Szene an einige politische Diskussionen? Einige Parteien in Deutschland funktionieren nach dem No-Ma'am-Schema. Politiker schreien wütende Parolen in die Welt. Anhänger jubeln. Widersprüche stören niemanden. Niemand will ein echtes Gespräch. Gegenargumente führen zu Beleidigungen. Wie diese Politiker ihre Anhänger um den Finger wickeln, schauen wir uns gleich an. Vorerst zählt: Unsere Gesellschaft muss lernen, mit diesen Politikern umzugehen, ohne dass wir uns gegenseitig als unbelehrbare Idioten abschreiben.

Marcys Gegenangriff hilft dabei nicht. Statt Als Frauenfeindlichkeit zu entlarven, setzt sie ihr Männerfeindlichkeit entgegen. Sie bekämpft Sexismus mit Sexismus. Das mag ihr beim Abreagieren helfen und im Fernsehen für Lacher sorgen. Sie vertieft aber den Eindruck unvereinbarer Geschlechter. Hass-gegen-Hass-Debatten verfestigen Fronten, statt sie aufzulösen. Treffen Klischees auf Klischees, verlieren alle.

Obwohl niemand Wutdebatten mag, führen wir sie alle viel zu oft. Vertritt unser Gesprächspartner aus unserer Sicht Unglaubliches, rutschen wir schnell in Marcys Muster. Etwas in uns sperrt sich gegen eine sachliche Antwort. Schnell werten wir den ganzen Menschen ab, nicht nur seiner Meinung. Der merkt das und verliert die Hoffnung, mit anderen reden zu können. Wir vertiefen die Gräben und stärken die Gegenseite, wie Marcy Al stärkt.

Als im Jahr 2019 teils vermummte Demonstranten Vorlesungen des AfD-Mitbegründers Bernd Lucke an der Universität Hamburg stürmen, überzeugen sie niemanden. Der Wirtschaftsprofessor muss die ersten beiden Vorlesungen nach seiner Rückkehr an den Lehrstuhl abbrechen, als Aktivisten am Sicherheitsdienst vorbei in den Hörsaal dringen. Sie bedrängen Lucke. Sie hindern ihn am Reden. Fast niemand unterstützt die Aktivisten. Politiker aller Parteien verurteilen den Vorfall. Hamburgs Wissenschaftssenatorin Katharina Fegebank (Grüne) spricht von „Unrecht in seiner reinsten Form".

Ich will an dieser Stelle nicht über Lucke richten. Der AfD-Mitbegründer sperrte sich gegen die Vereinnahmung der Partei von ganz rechts. Ein Sprachrohr schenkte er diesen Kräften dennoch. Als diese die Partei radikalisieren, gehört Lucke ihr aber schon lange nicht mehr an. Einige Versuche in Kleinparteien später, will sich der Professor wieder auf die Lehre konzentrieren. Wem das missfällt, der kann Luckes Vorlesungen meiden. Aus der Gesellschaft ausschließen sollten wir den Professor aber sicher nicht.

Mein Punkt ist: Es bringt nichts, Hörsäle zu stürmen. Einige Leute bemitleiden danach Lucke. Einige bemitleiden die AfD. Dem Rechtspopulismus, den die Eindringlinge vorgeblich bekämpften, schaden sie nicht. Eher stärken sie ihn. Eher vertiefen sie die Gräben.

Genauso wenig bringt es, Straßenkleber zu überfahren oder ungeliebte Politiker mit Eiern zu bewerfen. Lassen Sie uns bessere Debatten führen! Lassen Sie uns Ruhe verbreiten, statt mehr Wut! Lassen Sie uns auch Populisten und Moralisten mit Würde begegnen! Lassen Sie uns so streiten, dass es tatsächlich etwas ändert! Dafür können wir drei Dinge tun:

1. Meinungen von Fakten trennen

US-Historikerin Deborah Lipstadt beschreibt das Vorgehen von Holocaust-Leugnern so: Der Leugner veröffentlicht eine den Fakten widersprechende Ansicht, in der er Andersdenkenden Bösartigkeit und Dummheit unterstellt. Die Angegriffenen wehren sich. Medien berichten über den Streit. Immer mehr Sendungen laden den Leugner ein. Dieser behauptet, nur „die Gegenseite darstellen" zu wollen. Schnell grinst er als kontroverser Querkopf aus allen Sendungen. Unbedarfte Zuschauer halten seine Aussagen für genauso fundiert wie jene echter Experten. Der Leugner hat seine Erfindungen glaubwürdig gefaselt.

Lipstadt diskutierte nie mit Holocaust-Leugnern. Der Holocaust ist ein Fakt. Fakten kennen keine Gegenseiten. Wir brauchen sie nicht zu diskutieren. Zwei plus zwei ergibt vier, nicht fünf. Wer anderes behauptet, kann sich weder auf Meinungsfreiheit noch auf „alternative Fakten" berufen. Er hat schlicht Unrecht.

Alle Populisten verzerren Fakten nach dem gleichen Muster zu scheinbaren Meinungen: „Gibt es den Klimawandel?" „Ist die Presse frei?" „Darf ich meine Meinung sagen?" Steigen wir auf diese Debatten ein, verleihen wir ihnen eine Glaubwürdigkeit, die sie nicht verdienen. Die Antworten lauten: Ja, ja und ja. Fakten debattiert man nicht.

Treffen wir auf jemanden, der es dennoch versucht, können wir seinen Versuch entlarven. Er muss behaupten, eine böse Macht verschweige etwas. Er erfindet eine Verschwörung. Lassen wir uns darauf nicht ein. Benennen wir das Problem. Dann überzeugen wir eher, als wenn wir tatsächlich den Klimawandel diskutieren und dabei die Fassung verlieren.

Bei Meinungen tun Populisten das Gegenteil: Sie behandeln Bewertungsfragen, als gehe es um Tatsachen. Die Fragen nach der schönsten Farbe, der besten Band oder dem lustigsten Witz können wir bereden bis zum Umfallen. Geschmäcker bleiben verschieden. Wir finden keine eindeutige Antwort. Populisten diskutieren aber, ob es die Farbe Rot überhaupt gibt, und behaupten, Bruce Springsteen sei zweifelsfrei der beste Musiker aller Zeiten. Sie verdrehen Fakten und Meinungen, um sich von anderen Politikern und Parteien abzuheben.

Egal, ob sich diese Politiker als „links" oder „rechts" bezeichnen oder welche Ziele sie angeblich verfolgen: Sie sind Dummschwätzer wie Al und Marcy. Zeigen wir ihre Tricks auf, bis wir als Gesellschaft nicht mehr darauf hereinfallen.

2. Glauben wir denen, die für uns Meinungen von Fakten trennen

Der Meinungen-und-Fakten-Tausch funktioniert, weil wir in unserer schnellen Welt schwer erkennen, was Fakten sind. Bricht eine Krise über uns herein oder brummt die Wirtschaft, erfordert die Ursachenforschung mehr Zeit, als den meisten von uns neben Beruf und Familie bleibt.

Glücklicherweise trennen viele Menschen für uns Fakten von Erfindungen. Gute Journalisten, Wissenschaftler und Experten erkennen Lügen. Sie übernehmen die Aufgabe der Seher aus dem *Werwolf*-Spiel. Als Gesellschaft vermeiden wir verdrehte Debatten, indem wir sie unterstützen statt die Angreifer.

In Gesprächen sagen mir dennoch leider ständig Menschen, sie könnten sich nicht vorstellen, dass niemand den Medien vorschreibt, was sie berichten sollen. Ich entgegne dann, sie können gerne einmal bei mir im Büro vorbeikommen. Wir wählen morgens unsere Themen. Dann schreiben wir die Artikel. Ein Kollege liest sie auf Fehler gegen und wir veröffentlichen sie. In diesem Prozess bleibt gar keine Zeit für Einflussnahme von außen. Bei unzähligen Medien deutschlandweit könnte keine Kontrollorganisation alle Artikel prüfen. Schlicht unmöglich.

Ohnehin: Schlagen Sie eine beliebige Zeitung auf oder öffnen Sie eine beliebige Internet-Nachrichtenseite. Die überwältigende Mehrheit der Artikel kritisiert die Bundesregierung. Helmut Kohl, Gerhard Schröder, Angela Merkel, die Ampel-Koalition: Alle bekamen dutzendfach mehr schlechte

Presse als Lob. Falls sie überhaupt Lob bekamen. Offensichtlich geht es nicht um Jubel-Berichte.

Trotzdem lassen wir uns gerade von denen, die ihre eigenen Jubel-Medien gründen, einreden, unsere freie Presse sei parteiisch. Traurig, zumal ich und sicher die meisten Redakteure jedem Interessierten gerne zeigen, wie wir arbeiten. Die offensichtliche, leicht überprüfbare Wahrheit stützt unsere Gesellschaft. Akzeptieren wir sie endlich.

3. Halten wir Dummschwätzer klein

Versucht der nächste Dummschwätzer den Trick der Holocaust-Leugner und vertauscht Meinungen und Fakten, lassen Sie uns nicht auf ihn hereinfallen. Verbreiten wir seine Verzerrungen nicht weiter. Teilen wir sie nicht in Sozialen Medien. Lassen Sie uns keinen Zensurskandal wittern, wenn Fernsehsendungen den Dummschwätzer nicht einladen. Sie schweigen niemanden tot. Sie trampeln nicht auf der Meinungsfreiheit herum. Sie machen nur ihren Job: Sie trennen Wahres von Erfundenem. Wer uns deswegen eine Verschwörung einreden will, entlarvt sich als Werwolf.

> **In fünf Minuten: Unsinn bekämpfen**
>
> - *Guten Journalismus unterstützen:* Unsere Gesellschaft braucht Menschen, die Angreifer entlarven. Journalisten tun dies in Vollzeit. Wer eine Zeitung oder deren Online-Ableger abonniert, unterstützt sie. Im Gegenzug bekommt

er mehr als nur Artikel. Er bekommt eine bessere Gesellschaft.

- *Informationen prüfen:* Geben wir keine Informationen weiter, die wir nicht zumindest grob geprüft haben! Berichtet auch eine andere Quelle darüber? Teilen wir keine Hassbeiträge! Teilen wir keine Verschwörungstheorien!
- *Widersprechen und schlecht bewerten:* Bewerten wir Verschwörungsbeiträge in Sozialen Medien schlecht und melden wir besonders fragwürdige Inhalte! Dann zeigen die Algorithmen der Internetseiten diese Beiträge weniger Nutzern. Das kostet pro Beitrag wenige Sekunden, trifft die Gegner unserer Demokratie aber in ihrem wichtigsten Werkzeug.
- *Langfristig denken:* Fällt es schwer, ruhig zu bleiben, hilft es, die lange Frist im Blick zu behalten: Keine einzelne Handlung, keine einzelne Aussage und kein einzelner Online-Beitrag erhält oder zerstört die Demokratie. Wir laufen einen Marathon, keinen Sprint. Wir müssen unsere emotionale Ausdauer wahren. Dazu brauchen wir eine gewisse Distanz statt uns aufzuarbeiten.

Wer Wut eindämmt, stützt die Demokratie. Gänzlich ans Ziel bringt uns diese Maßnahme allein aber nicht. Wir haben gesagt, es reicht nicht, irgendwelche Botschaften verfügbar zu machen. Es müssen durchdachte Botschaft sein, wie beim Kampf gegen das Rauchen. Schauen wir uns also an, was durchdachte Botschaften ausmacht und wie wir sie in weniger als fünf Minuten die Woche verbreiten. Viel zu viele Demokraten übersehen diesen Teil völlig.

Undemokraten überlisten unser Gehirn
....

Beim Kyffhäuser-Treffen der AfD-Untergruppe „Der Flügel" im Jahr 2018 verdeutlicht Björn Höcke in zwei Sätzen, warum klug formulierter Menschenhass Wahlen gewinnt. Der Flügel vereinte die Rechtsextremsten der weit rechten Partei. Gerade hat Höcke seinem Publikum mal wieder von einer „Bundesrepublik Deutschland in ihrer Spätphase" erzählt, von falsch verstandenen altdeutschen Reden und von schwarzafrikanischen Vergewaltigern. „Heute lautet die Frage: Schaf oder Wolf?", sagt der Chef der Thüringer AfD dann. „Und ich, nein wir entscheiden uns in dieser Lage, Wolf zu sein." Das Publikum jubelt.

Bemerkenswert. Kein Zusammenhang, kein roter Faden. Trotzdem begeistert Höcke seine Zuhörer. Ließe sich Politpublikum immer so leicht mitreißen, der Livestream des Bundestags hätte mehr Zuschauer als die Fußball-Bundesliga.

Sicher hat Höcke an diesem Tag ein Heimspiel. Wer als Rechtsextremer Rechtsextremen Schlechtes über die Bundesrepublik erzählt, kann so wenig falsch machen wie ein Festzeltredner, der Freibier ausgibt. Höcke faselt aber vor jedem Publikum Zusammenhangloses. Beendet er Passagen mit Wölfe-gegen-Schafe-Vergleichen oder Ähnlichem, reißt er viele Zuhörer dennoch mit.

Damit verdeutlicht er unser bislang größtes Problem. Populisten wie Höcke verstecken Menschenhass hinter Sprachtricks und psychologischen Hinterhältigkeiten. Einigen Wählern schieben sie Abscheuliches unter, ohne dass diese es merken. Hätten Populisten von Anfang an offen mit den Schreckenstaten geworben, für die wir sie heute verachten, die Mehrheit hätte sie nie unterstützt. Weil Trump und Hitler ihren Anhängern den Schrecken aber edel und die Alternativen grausam logen, folgten ihnen die Massen.

Der Wolf-oder-Schaf-Vergleich zeigt, wie dieser Trick funktioniert. Mit Sätzen wie diesem gießt Höcke wirres Gerede in emotionale Botschaften: Bestünde die Welt tatsächlich aus Wölfen und Schafen, wäre wohl jeder lieber ein Wolf. So einfach ist es natürlich nicht. Stellen Sie sich einmal vor, ein Jahr lang bei Diskussionen in Familie, Büro und Sportverein immer der Wolf zu sein. Wahrscheinlich sind sie danach geschieden, arbeitslos und einsam. Wir sind weder Wölfe noch Schafe. Wir sind Menschen. Handeln wir entsprechend!

Höcke verbreitet offensichtlich Schädliches. Sein Ansatz *klingt* aber logisch. Der Wolf-oder-Schaf-Vergleich gießt eine komplizierte Welt in ein leicht verständliches Schema. Eindeutige Lösungen, eindeutiges Gut und Böse, statt belastender Unsicherheiten. Das fühlt sich gut an. Höcke schenkt seinen Zuhörern das Gefühl, alle Probleme leicht lösen zu können. Einfach Wolf sein! Herrlich!

Im Schatten dieses Hochgefühls versteckt der Thüringer AfD-Chef seine eigentlichen Botschaften. Denn wie beim Urlaub erinnern wir uns bei allen Erlebnissen vor allem an Höhepunkt und Ende. Überwältigen uns im Urlaub der Strand und klappt die Heimreise, denken wir gern zurück. Bleibt die einschneidendste Erinnerung ein Streit und streikt bei der Rückfahrt das Auto, erinnern wir uns ungern. Erlebnisse zwischen den Schlaglichtern beeinflussen unseren Eindruck kaum. Regisseure nutzen diesen Effekt, indem sie Kinobesucher zum Filmfinale mit emotionaler Musik und Happy End gefühlsduselig kochen, bis diese den Saal doch zufrieden verlassen. Gab es vorher wenigstens einen Lacher, reicht das. Höcke nutzt den Effekt, indem er seine eigentlichen Botschaften zwischen Hurra-Aufrufen versteckt.

„Vergewaltigende Schwarz-Afrikaner", „Bundesrepublik im Endstadium", „falsch ausgelegte Nazibotschaften": Diesen Unsinn will Höcke gesellschaftsfähig quatschen. Mit der Formulierung „ich, nein wir" setzt er seinen Willen im Führer-Stil dem Willen der Gruppe gleich. Das sind seine eigentlichen Botschaften. Im Expertengespräch kann er diese nicht vermitteln, weil Experten widersprechen. In langen Ausführungen kann er es nicht, weil er seine Aussagen dann begründen müsste. Also huscht er über seine Kernpunkte hinweg und hofft, dass seine Zuhörer die Zusammenhanglosigkeit übersehen, bis ihnen sie nach der nächsten Gefühlsbotschaft doch irgendwie meinen, Gutes gehört zu haben. Selten tut er dies so klar wie beim Auftritt vor Rechtsextremen. Aber er tut es in allen Reden. Achten Sie darauf!

Der Wolf-oder-Schaf-Vergleich liefert das Extrembeispiel dieser Technik. Nazi-Propagandaminister Joseph Goebbels schwor die Bevölkerung des Dritten Reichs fast wortgleich auf den Vernichtungskrieg im Osten ein: „Wir kommen nicht als Freunde, auch nicht als Neutrale. Wir kommen als Feinde!

Wie der Wolf in die Schafherde einbricht, so kommen wir!" Adolf Hitler, Deckname „Wolf", sagte, er wolle lieber Hammer sein als Amboss. Gleiche Botschaft. Auch diesen Vergleich zitiert Höcke.

Rassismus, Nazispruch, Emotion. Rassismus, Nazispruch, Emotion. Oder, wie beim Wolf-oder-Schafe-Vergleich, alles in einem. Das klingt wirr und ist es auch. Aber so funktioniert hocheffiziente Menschenverachtung. Wie ein Pop-Song streicht sie alles Unnötige, um Zuhörern einen Ohrwurm zu liefern: „Afrikaner sind Vergewaltiger. Von Nazis können wir viel lernen. Ich, nein wir wollen Wölfe sein." Statt bei rechten Parolen die Hände über dem Kopf zusammenzuschlagen, sollen Menschen denken: „Habe ich schon mal gehört. Gefiel mir. Wer die Hände über dem Kopf zusammenschlägt, versteht da etwas falsch."

Der Unterschied zwischen Demokraten und Populisten besteht also nicht nur in der Anzahl und der Verfügbarkeit der Botschaften. Er besteht auch in der Botschaft selbst: Populisten besitzen dank Sprachtricks einen Sexyness-Turbo.

Natürlich wählen einige Menschen Höcke, weil er Nazis zitiert. Ein Teil der AfD-Wähler will rechtsradikale Politik. Viele Menschen wählen Höcke aber auch, weil er ihnen seine Botschaften unterschiebt. Diese Menschen mögen die Demokratie bereits. Aber Höcke erreicht sie emotional. Also müssen wir ihnen die Demokratie sexy machen.

Wir müssen unseren Einsatz für die Demokratie so zuschneiden, dass wir beide Extreme erreichen. Dann erreichen wir auch die vielen Menschen, die irgendwo zwischen ihnen liegen. Die vielen Mischformen, die Höckes Sprache ganz anziehend finden, die Demokratie aber auch, und sich in der Summe für die AfD entscheiden.

Wieder hilft dieser Ansatz auch gegen die Aufregung von Moralisten. Natürlich kleben sich einige Menschen auf Straßen, weil sie Aufregung sexy finden. Viele begeistern sich aber auch einfach für Menschen, die im Kampf für das Gute Verhaftungen in Kauf nehmen. Darum inszenieren sich Letzte Generation und Co. als unterdrückte Weltenretter. Wieder brauchen wir einen Ansatz, der einigen die Demokratie sexy macht, für andere die Undemokraten entlarvt und für viele ein bisschen von beidem leistet.

Weil wir in einer Welt voller Sprachtricks und Gefühlsgerede leben, reicht es nicht, einfach für Demokratie und Einheit zu kämpfen. Klar, wir müssen zunächst sicherstellen, nicht auf Lügner hereinzufallen. Wie wir das tun, erkläre ich in meinem Buch *Es gewinnen alle oder keiner*. Wir müssen den Tricks von Populisten und Moralisten als Gesellschaft aber auch etwas entgegensetzen. Dieser Aufgabe widmen wir uns im Rest dieses Buchs. Demokraten brauchen etwas, das Menschen genauso anzieht wie Wolf-oder-Schafe-Vergleiche und erzwungene Verhaftungen, sie aber zu demokratisch freiheitlichen Entscheidungen führt.

Stellen wir uns dieser Herausforderung. Unser erster Schritt beginnt mit einer Einsicht, dass dieser Weg vor dem gleichen Problem steht wie der Kampf gegen das Rauchen: Es ist deutlich leichter, mit dem Rauchen anzufangen, als damit aufzuhören. Genauso ist es leichter, in die Parallelwelten von Undemokraten abzurutschen, als ihnen zu entkommen.

Wir glauben, was wir glauben wollen

Ende der 1990er Jahre verdeutlicht ausgerechnet das Kreisliga-Derby zwischen dem SC 04 Sonneberg und dem SC 06 Oberlind, was passiert, wenn Menschen in Parallelwelten rutschen.

„Rebhahn ist der schlechteste Mann auf dem Platz", beschwert sich ein Zuschauer schon wenige Minuten nach Anpfiff. „Der denkt, er kann sich alles erlauben."

Ich bin damals zehn oder elf Jahre alt. Das Spiel schaue ich mit meinem Opa, einem sportbegeisterten Sonneberger, eher als Familienaktivität als aus Interesse. Zwölf Kilometer nördlich aufgewachsen, kenne ich keinen Spieler. Die erste Halbzeit versuche ich aus den Beschimpfungen des Zuschauers herauszulesen, wer Rebhahn ist. Es gelingt mir nicht. Kaum denke ich, Nummer sieben müsse Rebhahn sein, wütet der Fan über Nummer vier.

Die Halbzeit erklärt, warum. „Rebhahn ist so langsam, dem kannst du beim Rennen neue Sohlen auf die Schuhe schlagen", schimpft der Mann. „Der denkt, er wäre der Allergrößte."

„Halt endlich die Klappe", entgegnet ein anderer. „Rebhahn spielt doch gar nicht mit."

Allgemeines Gelächter. Ein kurzes Gestammel später steht fest: Rebhahn weilt im Urlaub. Rumpelstilzchen schimpfte 45 Minuten lang auf einen Spieler, der am Strand bruzzelt.

Der Zuschauer erlag einem Fehler, dem wir alle erliegen: dem Bestätigungsfehler. Glauben wir eine Sache, sehen wir, was diese Sache bestätigt. Aus den vielen Eindrücken, die auf uns einprasseln, filtern wir jene heraus, die unsere Meinung stützen. Den Rest blenden wir so überzeugend aus, dass wir selbst in einem Fußballspiel, das Rebhahn verpasst, Beweise für seine Überheblichkeit erkennen.

Diskussionen über Politik folgen dem gleichen Muster. Glauben wir, Ausländer verursachen alle Probleme, oder meinen wir, der Austausch politisch verdächtiger Straßennamen beseitige Unrecht, sehen wir unsere Meinung bestätigt, egal wie die Fakten liegen. Widersprüche übersehen wir.

Diese Macht entfaltet der Bestätigungsfehler aber nur, wenn uns etwas überzeugt. Populisten und Moralisten überzeugen ihre Anhänger durch Sprachtricks. Halten wir sie einmal für die Guten, die uns vor einer bösen Bedrohung verteidigen oder für eine gerechtere Welt kämpfen, verstärkt der Bestätigungsfehler diese Botschaft, bis wir nur noch sehen, was sie weiter untermauert. Bald können sie alles fordern und wir stimmen zu.

Demokraten fehlt dieser Überzeugungs-Turbo. Sie glauben zwar auch, selbst die besten Lösungen zu vertreten. Weil sie aber nach Kompromissen streben statt nach großen Siegen, ziehen sie uns nie grundsätzlich in ihren Bann. Kein echter Demokrat meint, eine bestimmte Partei besäße auf ewig die besten Antworten auf alle Fragen. Bei jedem Thema entscheiden wir frei, ob wir der gleichen Partei zustimmen wie zuletzt oder jemand anderem.

Demokraten können also jederzeit ins Lager von Undemokraten wechseln. Deren Anhänger wechseln aber seltener zurück. Dadurch droht sich das Lager der Demokraten zu leeren wie ein Wassertank, aus dem mehr Wasser herausströmt als hineintropft.

Wollen wir die Demokratie erhalten, dürfen wir diesen emotionalen Nachteil nicht einfach ausblenden. Populismus und Wokeness begeistern Menschen auch, weil Demokratie langweilt. Könnten Demokraten mit gleichen Mitteln zurückschlagen, kein Land der Welt hätte je einen Populisten gewählt. Können sie aber nicht. Im Vergleich zu Parlamentsdebatten wirkt selbst Björn Höcke sexy.

Diesen Nachteil müssen wir auszuhebeln. Sonst schadet unser Einsatz der Demokratie, statt ihr zu helfen. Warum das so ist, warum viele Menschen deswegen lieber gar nichts tun und wie wir das Problem lösen, zeigt ein Nationaltorhüter.

Sprachtricks zerquatschen Demokratiewerbung

Manuel Neuer besiegelt das blamable Vorrundenaus der deutschen Fußballnationalmannschaft bei der WM 2022 in Katar bereits Tage vor Turnierbeginn. Er werde eine Regenbogen-Kapitänsbinde tragen, obwohl diese den Regeln widerspricht, sagt der Torhüter Reportern. Das Drama beginnt.

Veranstalter Katar muss die Binde als Angriff verstehen. Der Fußballweltverband FIFA bietet Alternativbinden mit Aufschriften wie „Respect" an. Doch Neuer drängt sich mit seiner Aufregerbinde in den Mittelpunkt. Politik statt Sport. Typisch Deutschland.

Es kommt, wie es kommen muss: Die FIFA bleibt hart. Neuer knickt ein, nachdem er genügend Aufmerksamkeit bekommen hat. Vor dem ersten Spiel halten sich die Spieler aus Protest noch den Mund zu. Danach schließen sie offenbar die Augen: Sie verlieren 1 : 2 gegen Japan. Hätten sie sich mal besser auf den Sport konzentriert.

Diese Version der Binden-Debatte höre ich immer wieder. Sie bestimmt Gespräche und Internetkommentare. Falsch ist sie dennoch. In Teilen verzerrt sie das Geschehene. In Teilen lügt sie.

Als Journalist besteht ein guter Teil meines Arbeitsalltags darin, Verzerrungen wie beim Binden-Streit richtigzustellen. Bei praktisch allen Themen glauben viele Menschen viel Falsches. Diese Verzerrungen zeigen meist in die gleiche Richtung: Die Menschen sehen die Welt bedrohlicher, als sie ist. Und sie glauben, wer für Demokratie wirbt, wolle ihnen aus Eigennutz etwas aufzwingen.

Tatsächlich wollte Neuer in Katar nie eine Regenbogenbinde tragen, sondern die sogenannte One-Love-Binde. Diese zeigt zwar ein Herz mit bunten Streifen, aber unter anderem auch die Farbe Schwarz. Deutlich kein Regenbogen. Die Botschaft lautet sinngemäß: „Wir sollten miteinander auskommen, statt uns die Köpfe einzuschlagen."

Lange trug Neuer im Tor der Nationalelf und des FC Bayern zwar eine Regenbogenbinde, wie viele Kapitäne aller möglichen Nationalmannschaften. Vor der WM 2022 stieg er auf die One-Love-Binde um. Homosexualität steht in Katar unter Strafe. Mit dem Wechsel bot er FIFA und Austragungsland einen Kompromiss an.

Die FIFA schlug das Angebot aus. Spieler dürfen nur offiziell zugelassene Kleidung tragen, betonte sie. Die One-Love-Binde ließ sie nicht zu. Als sie Neuer einen Platzverweis androht, entscheidet sich der DFB für die scheichkonforme Einfarbversion. Neuer selbst bleibt im Hintergrund. „Ich würde die weiße nehmen", sagt er zu einem DFB-Mitarbeiter, der ihm die Optionen auf dem Handy zeigt. „Die ist am besten, oder?" Thema erledigt.

Der Konflikt verlief also anders, als viele Menschen ihn heute darstellen. Neuer tut, was Demokratie und Menschenrechte zum Überleben brauchen: Er setzt ein unaufdringliches Zeichen für ihre Unterstützung. Als die, denen Demokratie und Menschenrechte egal sind, ihn dafür angreifen, bleibt er so lange standhaft, wie er kann. Erst als klar wird, dass er in Katar keinesfalls mit der Binde seiner Wahl aufläuft, wählt er die beste Alternative, die ihm bleibt. Er steht für seine Überzeugung. Aber er moralisiert nicht. Ich hoffe, ich hätte genauso gehandelt.

Die Geschichte war nicht mal typisch deutsch. Zehn Fußballverbände schufen die One-Love-Binde gemeinsam. Englands Stürmer Harry Kane wollte sie bei der WM 2022 genauso tragen wie Frankreichs Torhüter Hugo Lloris.

Der Binden-Streit verdeutlicht ein Dilemma: Neuer tat, was auch wir tun wollen. Er warb unaufdringlich für Vielfalt und Demokratie. Heute gilt er vielen aber als abschreckendes Beispiel. Wollen wir uns für die Demokratie einsetzen, müssen wir dieses Schicksal verhindern.

Eine große Herausforderung. Neuers Binde berührt Themen wie Homosexualität und Toleranz, die Populisten als

Reizthemen gelten. Also schießt die Hetzmaschine zurück: „Schaut nur, welches Drama *die* wieder machen. Wegen nichts. Typisch Deutschland!" Binnen weniger Monate zerquatscht sie beste Absichten zur Selbstsucht. Weil ihre Anhänger dem Bestätigungsfehler verfallen, übersehen sie die Widersprüche dieser Darstellung.

Wer für Demokratie, Menschenrechte und Sachlichkeit wirbt, widerspricht zwangsläufig denen, die diese Werte ablehnen. Also droht ihm das gleiche Schicksal wie Neuer. Sicher schimpfen Populisten nicht gegen jeden Einzelnen. Aber sie brandmarken den Einsatz für Demokratie und Menschenrechte generell als Selbstsucht. Sicher beschimpfen Moralisten nicht jeden einzelnen SUV-Fahrer. Aber sie brandmarken SUVs generell.

Das bringt uns zurück zu den angesprochenen Verzerrungen: „Alles wird immer schlimmer" und „Einsatz für die Demokratie bedeutet Egoismus". Beide hängen zusammen.

Wir haben schon gesehen: In Umfragen bewerten die Menschen die Welt in fast allen Punkten als schlechter und bedrohlicher, als sie ist. Trifft diese Fehlwahrnehmung auf von russischen Trollen gestiftete Resignation, meinen wir, es gebe immer mehr Probleme und wir könnten sie immer schlechter lösen. Dann überrascht nicht, wenn sich einige Menschen starke Herrscher wünschen oder mehr Entrüstung gegen die Gleichgültigkeit. Wer die Hoffnung verliert, will radikale Veränderungen.

Will hingegen jemand die Grundlagen des Erfolgs schützen, missverstehen ihn die Verzweifelten als Verteidiger des Verfalls. Verteidigt jemand Verfall, unterstellen wir ihm Eigennutz: „Hätte er nicht selbst etwas davon, würde er es nicht tun."

Populisten und Moralisten betten ihre Botschaften daher in die Alles-wird-immer-schlimmer-Verzerrung ein. Sie verstärken sie und knüpfen künftig noch leichter an sie an. Ein Teufelskreis.

Diesen Teufelskreis durchbrechen wir, indem wir Leute wie Manuel Neuer nicht allein lassen. Vertritt die Mehrheit der Menschen auch nach außen ähnliche Ansichten wie in der Öffentlichkeit stehende Demokratie-Werber, kann niemand dieses Werben als Eigennutz abstempeln. Ganz offensichtlich profitieren alle von Demokratie und Menschenrechten, nicht nur eine kleine Gruppe. Die Idee braucht Erdung.

Wie wir die Idee erden, erklärt ein Sportler, den in den 2000er Jahren fast jeder liebte.

Unsere Ideen müssen hängen bleiben

Im Jahr 2004 steht Nike vor einem Problem. Der Sportartikelhersteller rüstet Radprofi Lance Armstrong aus. Der Amerikaner wäre für Nike ein Glücksgriff, betriebe er nicht die falsche Sportart. Armstrong hat eine Krebserkrankung überlebt und schickt sich an, mit seinem sechsten Tour-de-France-Sieg hintereinander einen Rekord aufzustellen. Noch weiß niemand, dass er dopt. Noch begeistert seine Geschichte Millionen Fans.

Trotzdem tragen modebewusste Menschen lieber Basketballsneaker und Fußballtrikots als Radschuhe und Radlerhosen. Selbst Tour-de-France-Seriensieger bringen kaum Einnahmen.

Um trotzdem mit Armstrong zu werben, entwirft Nike ein Gummiarmband im Gelb des Tour-de-France-Führenden. Die Aufschrift „LiveStrong" verbindet Armstrongs Krebserkrankung mit seinem Erfolg. Fünf Millionen Armbänder lässt Nike herstellen. Einen Dollar verlangt das Unternehmen pro Band. Die Einnahmen sollen an Armstrongs Krebsstiftung gehen. Der scherzt, was Nike wohl mit den 4,9 Millionen Bändern anstelle, die es nicht verkauft.

Armstrong irrt. Bald blitzen gelbe Armbänder weltweit unter Bürohemden, über Arbeitsoveralls und an Trainingsanzügen. US-Präsidentschaftskandidat John Kerry, Schauspieler Tom Hanks: Jeder will wie Armstrong sein. Nike verkauft 80 Millionen Bänder. Eine der erfolgreichsten Werbekampagnen aller Zeiten.

Der Erfolg überrascht nicht nur Armstrong. Nike testete die Bändchen ohne große Erwartungen als eine von mehreren Kampagnen mit dem Radstar. Heute scheint offensichtlich, dass sich die Menschen für einen Spitzensportler begeistern, der den Krebs besiegt hat. Im Voraus wusste aber niemand, dass die Idee einschlägt. Weil nie jemand weiß, welche Ideen einschlagen.

Ideen verbreiten sich wie Viren: Manche infizieren Superspreader und erreichen bald jeden. Andere vergehen. Langlebige Ideen teilen zwar einige Eigenschaften. Größtenteils entscheidet aber der Zufall, welche Ideen mit diesen Eigenschaften sich durchsetzen. Die Irrglauben, wir sähen die Chinesische Mauer aus dem All und wir nutzten nur zehn Prozent unseres Gehirns, halten sich hartnäckig. Vergleichbare Mythen vergehen. Unerklärlich.

Demokraten lernen daraus zwei Dinge. Erstens: Niemand weiß, welche Ideen zünden; aber Ideen, die niemand bewirbt, vergehen. Populisten testen Verschwörungstheorien wie Nike Armstrong-Werbungen. Will Manuel Neuer bei einem Turnier eine Kompromiss-Kapitänsbinde tragen, dichten sie ihm Inszenierungssucht und deutsche Sonderlichkeit an. Bleibt etwas hängen, setzen sie nach. Bleibt nichts hängen, versuchen sie das nächste Thema. Demokraten müssen dagegenhalten und ihre eigenen Ideen bewerben. Eine Demokratie überlebt nur, solange Menschen für sie kämpfen. Hat sie einmal einige Jahrzehnte überlebt, läuft sie Gefahr, dass Menschen sie als selbstverständlich voraussetzen und den Kampf einstellen. Dann vergeht sie.

Zweitens: Nur effiziente Werbung verändert etwas. Weil sich Populisten nicht um die Wahrheit scheren, schneiden sie ihre Botschaften ungehemmt auf Durchschlagskraft zu. Demokratie bleibt nicht von allein hängen. Das ist das Grundproblem. Mehr undurchdachte Eigenwerbung ändert daran nichts. Staubige „Unsere Stadt ist bunt"-Slogans überzeugen niemanden. Erfolg erhoffen brauchen sich Demokraten nur, wenn sie zumindest grundlegende Kniffe bedenken. Wenn sie ihre Werte sexy bewerben.

Wie das geht, zeigt eine weitere Nike-Werbung.

Demokratie muss sich ihre Coolness leihen

Im Jahr 2018 wirbt Nike mit der wohl umstrittensten Werbefigur seiner Geschichte. „Wenn die Leute sagen, deine Träume seien verrückt, wenn sie darüber lachen, was du tun willst: gut", sagt eine Stimme im Fernsehspot zu emotionaler Musik. Ein Kind ohne Beine gewinnt einen Ringkampf. Ein Skateboarder stürzt beim Versuch, ein Geländer hinabzurutschen. „Die Zweifler verstehen nicht: Einen Traum verrückt zu nennen, ist keine Beleidigung. Es ist ein Kompliment."

Eine Minute lang zeigt der Spot Menschen, die für ihre Träume kämpfen, und Spitzensportler, die sie erreicht haben. „Glaube an etwas", sagt der Sprecher dann, während ihn die Kamera von hinten vor einer US-Flagge zeigt. „Selbst wenn es bedeutet, alles aufzugeben." Der Sprecher dreht sich um. Es ist Colin Kaepernick.

In diesem Moment bekommen so viele Amerikaner Schnappatmung, als hätte Nike eine Werbung mit dem Teufel gedreht: Kaepernick zählte zu den bekanntesten Quarterbacks der Football-Liga NFL. In der Saison 2016 begann er, aus Protest gegen Polizeigewalt an Schwarzen bei der Nationalhymne vor Spielen zu knien. Dutzende Spieler folgten seinem Beispiel. Patriotische Amerikaner sahen darin einen Angriff auf ihr Land. Donald Trump nannte Kaepernick einen Hurensohn. In der Saison 2017 fand Kaepernick kein Team mehr. Viele Experten unterstellten den Managern, Kaepernick wegen seiner Stellungnahme gegen Polizeigewalt aus der Liga zu drängen.

Mit seinem Werbespot stellt sich NFL-Ausrüster Nike auf die Seite Kaepernicks. Der Sportartikel-Gigant unterstützt nicht direkt die Botschaft des Quarterbacks. Aber er ehrt sein Recht, diese Botschaft zu verbreiten. Er ehrt seine Bereitschaft, dafür seine Karriere zu opfern.

Vielen Amerikanern geht das zu weit. Sie verbrennen Nike-Schuhe oder übermalen deren Logos. Am Tag nach der Spot-Veröffentlichung bricht der Nike-Aktienkurs ein. Investoren fragen, wieso Nike absichtlich das halbe Land verärgert. Doch die folgenden Monate geben Nike recht. Die Verkäufe steigen. Der Aktienkurs erreicht Höchststände. Der Schlag ins Gesicht vieler Amerikaner entwickelt sich zum Riesenerfolg.

Eine Studie der Universität Lissabon zu beliebten Marken erklärt die Strategie des Nike-Werbeteams. Kunden empfinden Marken als „cool", wenn sie energiegeladen, rebellisch und subkulturell wirken. Weil Schuhzusammenflicker keines dieser Kriterien erfüllen, leihen sie sich die Coolness von Sportlern. Im Jahr 2004 nutzte Nike Lance Armstrong. 2018 nutzt es Colin Kaepernick.

Nahezu alle Weltmarken werben mit den gleichen Werten: Apples bekanntester Werbespot aus dem Jahr 1984 zeigt eine Frau, die eine an George Orwells Roman *1984* angelehnte Propaganda-Veranstaltung sprengt. „Am 24. Januar führt Apple den Macintosh ein. Dann sehen Sie, warum 1984 nicht wie *1984* sein wird." Widerstand, Außenseiter, Energie. „Herr Daimler, Sie arbeiten zu viel", sagt eine Frau zum vor Erschöpfung am Schreibtisch eingeschlafenen Auto-Erfinder Gottlieb Daimler in einem Mercedes-Spot. „Ich will einfach nur das Beste", antwortet der. Schon umweht selbst Luxusschlitten energiegeladenes Außenseitertum. „Sex!!", betitelt Sandwich-Macher Subway eine Anzeige. Darunter steht: „Nun, da wir Ihre Aufmerksamkeit haben: Essen Sie bei Subway!" Wieder Energie und Außenseiter-Stimmung.

Ein Grundproblem der Demokratie besteht darin, dass Populisten und woke Moralisten ebenfalls energiegeladenen Außenseiterstorys erzählen. Demokraten nicht. Selbst der einstige Sunnyboy Robert Habeck wirkt nach einigen Jahren als Wirtschaftsminister wie eine Schlaftablette. Während er im Parlament wichtige, aber langweilige Nachkommastellen erklärt, gähnt das Colin-Kaepernick-verwöhnte Publikum. Bei Angela Merkel gähnte es ebenfalls, bei Olaf Scholz sowieso. Alle leisteten oder leisten im Großen und Ganzen solide Arbeit. Weil echte Arbeit aber zu 95 Prozent aus Monotonem besteht – selbst Astronauten führen im Alltag hundertfach die gleichen Übungen aus –, wirkt jeder, dessen Arbeit zu einem Großteil in der Öffentlichkeit stattfindet, so uninteressant wie ein dutzendfach gesehener Film.

Populisten ersetzen Arbeit durch Selbstinszenierung. Große Gesten, keine Kompromisse. Björn Höcke und Sahra Wagenknecht wirken energiegeladen, rebellisch und subkulturell, weil es ihnen nur darum geht, so zu wirken. Moralisten, die als Einzelkämpfer gegen den Widerstand aller die Rechte einer Gruppe erstreiten, nutzen den gleichen Effekt.

In einer Zeit, in der Wähler Politiker über das Internet kennenlernen wie eine Marke, besitzen Politiker, die sich ausschließlich nach Werbekriterien vermarkten, einen Vorteil gegenüber Kollegen, die sich auch um Inhalte kümmern. Derselbe Effekt, der Actionfilme zu Kassenschlagern und Dokumentation zu Randprogrammen macht, lässt Populisten und Moralisten Follower mit Wir-retten-die-Welt-Geschichten begeistern, während Demokraten mit Wir-retten-die-Rente-Beiträgen langweilen.

In Wahrheit sind Demokraten die energetischen Außenseiter. In einer Welt, die uns mit komplexen Problemen überfordert, und ausgestattet mit Denkapparaten, die einfache Lösungen bevorzugen, handeln diejenigen, die gegen alle Wahrscheinlichkeit gemeinsame, angemessene Lösungen suchen, statt allen ihre Meinung aufzuzwingen, cooler als alle anderen. In Sozialen Medien wirkt es aber anders.

Aufgeben brauchen wir die Hoffnung auf anziehende Demokratie dennoch nicht. In diesem Kapitel haben wir das Problem umrissen. Im nächsten finden wir eine Lösung. Wir lernen, wie Demokraten Menschen ebenfalls mit sexy energiegeladenen Außenseiterstorys begeistern. Vorher nutzen wir aber noch einen anderen Effekt in unserem Sinne: den Eigennutz.

Was Sie tun können: ETFs für alle

Wer Verwandte oder Freunde hat, die rauchen, kennt ein Dilemma, dass wir bislang über Zigaretten ausgeblendet haben: den Zeitfaktor. Bekämen Menschen von ihrer ersten Zug sofort Lungenkrebs, niemand würde je rauchen. Die Probleme der Glimmstängel bemerken wir aber erst nach Jahrzehnten. Coolness, Beruhigung und Gewohnheit wirken sofort. Also rauchen Menschen. Oft versprechen sie, irgendwann aufzuhören. Oft erkranken sie vorher.

Das Beispiel verdeutlicht ein Problem, das auch die Politik trifft: Wir erkennen in unserer komplexen Welt schlecht, was uns wirklich nützt. Oft liegen zwischen einer Entscheidung und ihren Folgen Jahrzehnte. Oft scheitern wir daran, Lösungen zu finden, die uns jetzt und später helfen. Oft meinen wir, uns für eines von beiden entscheiden zu müssen, und entscheiden uns für den kurzfristigen Gewinn. Wir rauchen, um cool zu sein. Wir essen ungesund, um zu entspannen.

Populisten und Moralisten nutzen diesen Effekt. Sie behaupten, nur kurzfristig gegen demokratische Werte zu verstoßen, weil es große Krisen erfordern. Damit klingen ihre Versprechen ähnlich verführerisch wie Versprechen von Zigaretten: Schneller Vorteil, aufhören kann man vermeintlich immer. Kann man aber eben nicht.

Wir machen Demokratie nur sexy, wenn jeder sofort die Frage beantworten kann: „Was habe ich eigentlich hier und jetzt davon?" Nur mit kurzfristigen Eigennutz auf unserer Seite haben wir eine Chance. Langfristiger Eigennutz ist nett. Mehr Wohlstand und Sicherheit fühlen wir aber genauso wenig wie Raucher Sterbestatistiken. Weit weg. Dauert zu lange.

Ich kann tausendmal schreiben: Die Welt wird seit Jahrzehnten immer besser. Weniger Armut, weniger Unterdrückung, weniger Gewalt. Frauen gehen im weltweiten Durchschnitt fast so lange zur Schule wie Männer. Fast alle Menschen besitzen Zugang zu Strom und Wasser. Ärzte rotten Krankheiten aus, die vor kurzer Zeit noch Millionen Menschen dahinrafften. Das stimmt alles. Der Gesundheitsprofessor Hans Rosling verbreitete diese Botschaft mit unzähligen Statistiken unterlegt in millionenfach gehörten Ted-Talks und dem millionenfach verkauften Buch *Factfulness*. Psychologe und Autor Steven Pinker bewarb die Idee in seinem Bestseller *Aufklärung jetzt*. Andere Autoren und Journalisten tun das Gleiche. Und doch kommt es nicht an. In Umfragen sagen Menschen weiter, die Welt werde immer gefährlicher und schlechter.

Glücklicherweise können wir die wichtige Botschaft auf angenehmere Weise mit dem Eigennutz verbinden als es die Horrorbilder auf Zigarettenschachteln tun. Wir nutzen Exchange Traded Funds (ETFs, dt.: börsengehandelte Fonds). Sie machen den wachsenden Wohlstand einer Gesellschaft spürbar. Sie machen spürbar, dass es tatsächlich insgesamt aufwärts geht. Und zwar so, dass wir auch selbst profitieren.

Wer eine Aktie kauft, investiert in den Erfolg dieses Unternehmens. Wer in ETFs oder ähnliche Fonds anlegt, investiert in den Erfolg ganzer Wirtschaftsräume: Diese Geldanlagen bilden Börsenindizes wie den deutschen Dax, den amerikanischen S&P 500 oder den MSCI World eins zu eins ab. Steigt der Dax, steigt der Dax-ETF. Der Dax vereint die 40 größten deutschen Aktiengesellschaften, der S&P die 500 größten amerikanischen AGs, der MSCI World Unternehmen aus zahlreichen Industrieländern.

Die Kurse schwanken sekündlich. Langfristig steigen sie aber nur, wenn der Wohlstand der dahinterstehenden Gesellschaften wächst. Und sie steigen. Der Dax legte in den 50 Jahren von 1975 bis 2024 knapp acht Prozent im Jahr zu. Eine

Investition von 100 Euro entwickelte sich über diese Zeit zu mehr als 4.000 Euro.

Im Gegensatz zum Roulette entstehen Aktiengewinne nicht durch Zufall. Jede Aktie kauft einen Teil eines Unternehmens. Gibt die Bäckerei um die Ecke 1.000 Aktien aus, gehört Ihnen für jede Aktie, die Sie kaufen, ein Tausendstel des Bäckers. Jede Aktie hat also einen Wert: Ist die Bäckerei insgesamt 100.000 Euro wert, entspricht das bei 1.000 Aktien einem Wert von 100 Euro je Aktie. Langfristig steigt deren Kurs nur, wenn der Bäcker mehr Leute versorgt.

Dass der Dax, sozusagen die Deutschland-Aktie, in den vergangenen 50 Jahren 100 Euro in satte 4.000 Euro verwandelte, verdeutlicht den Erfolg unserer Gesellschaft. Krisen, Schlechtrederei und Untergangsängste hin oder her: Deutschland boomt. Wer über längere Zeit einen Dax-ETF besitzt, merkt das. Vergleichen Sie das mit den Ergebnissen von Nationalsozialismus und DDR. Wer sich auch einen Welt-Index ins Depot legt, merkt, dass es in anderen Industrieländern genauso läuft. USA, Frankreich, Großbritannien: Vereinen Länder Demokratie, freie Märkte und Frieden, vermehren sie den Wohlstand ihrer Einwohner.

Die Forscher um den amerikanischen Professor Daron Acemoğlu erhielten im Jahr 2024 den Wirtschaftsnobelpreis dafür, diesen Zusammenhang belegt zu haben: Wohlhabende Gesellschaften verteilen die Macht möglichst breit, geben allen Menschen die Chance, am Wohlstand teilzuhaben, lassen jeden sich gehört fühlen und schaffen freien Wettbewerb nach gerechten Regeln. Sie sind funktionierende Demokratien. Wer in solche Wirtschaftsräume investiert, fühlt diesen Zusammenhang auch im Geldbeutel.

Wer einen ETF kauft, gesteht zumindest ein, dass es langfristig aufwärts gehen könnte. Damit durchbricht er das Bild einer immer schlechter werdenden Welt. Vom ersten Tag an knüpft er sein Eigeninteresse an langfristigen Wohlstand für alle. Jedes Jahr steigender Kurse bestätigt diese Verbindung.

Zweifler merken an dieser Stelle an: „Die Kurse steigen – bis jetzt." Jedes Jahrzehnt steigender Kurse und steigenden Wohlstands begleitet ein dröhnendes „Ab morgen wird alles anders." Das ist auch gut so. Uns geht es heute so viel besser als vergangenen Generationen, weil Kritiker auf Probleme hinweisen. Der langfristige Trend lehrt allerdings, diese Kritik einzuordnen. Wer einmal einen ETF wegen Angstmacherei verkauft und später teurer zurückkauft, erkennt: Kritik zieht in der Regel weitere Verbesserungen nach sich, statt einen Abwärtstrend einzuläuten. Wohlstand und Sicherheit gründen langfristig auf Demokratie, freien Märkten und gleichen Rechten für alle, nicht auf so oder so gestalteten Rentenreformen oder der Frage, welche Partei den Kanzler stellt. Wahren wir diese Grundlagen, korrigieren wir Fehler und finden langfristig gute Entscheidungen.

Indexfonds koppeln unser Eigeninteresse an den Wohlstand der Gesellschaft. Unser Vermögen wächst, solange wir die Grundlagen dieses Wachstums beschützen: Freiheit, Demokratie, gleiche Rechte für alle. Neben den vielen ETF-Vorteilen, die Ihnen auch Ihr Vermögensberater erklären kann, den Sie in Finanzfragen immer hinzuziehen sollten, würde ich hinzufügen: Wer mit ETFs seinen Ruhestand absichert, bekommt Geld dafür, Untergangsgeschwätz auszublenden. Er wird dafür „bezahlt", ein guter Mensch zu sein. Die beste Rendite von allen.

> **In fünf Minuten: Demokratie sexy machen**
>
> - *In den eigenen Wirtschaftsraum investieren und das anderen empfehlen:* Warum, haben wir gerade gesehen.
> - *Bezahlen wir unsere Steuern:* Fast jeder Handwerker fragt mich, ob ich eine Rechnung brauche. Sie wissen, was das heißt: Antworte ich mit „Nein", erfährt der Staat nie von dem Auftrag und der Handwerker rechnet die Leistung schwarz ab. Ich erkläre dann, dass wir unseren Beitrag zu Gesellschaft leisten müssen, dass die Horrorgeschichten zur Steuerverschwendung, mit denen man mir fast immer antwortet, alle übertrieben sind und dass ich auf meine Rechnung bestehe. Ich rate Ihnen: Tun sie dasselbe. Klar, niemand gibt gerne mehr aus, als es sein muss. Aber wir leben in zehn Jahren in einem besseren Land, wenn wir es tun. Auch, weil der Staat das Geld braucht. Vor allem aber, weil wir Menschen brauchen, die vorleben, dass die Gesellschaft kein Selbstbedienungsladen ist. Die vorleben, dass wir lieber unseren gerechten Beitrag leisten, als uns so gut es geht rauszuwinden.

So viel zum Thema Eigennutz. Allein retten ETFs die Demokratie natürlich nicht. Wichtiger bleiben unsere übrigen Aufgaben: Demokratie attraktiv machen. Uncool-Nachteil ausgleichen. Und das bitte so, dass wir dafür nicht unsere Jobs kündigen müssen und nicht in Einzelinteressen abrutschen. Die Erklärung, wie wir das bewältigen, beginnt auf einem Friedhof bei Gettysburg.

Verbreiten wir Hoffnung!

Am 19. November 1863 sagt US-Präsident Abraham Lincoln zur Einweihung des Friedhofs bei Gettysburg Worte, die Amerikaner noch heute zu stolzen Demokraten machen. In der Erde unter Lincolns Füßen zeugen Tausende Soldatengräber von der Schlacht, die auf diesem Feld bei Philadelphia vier Monate zuvor die Wende im amerikanischen Bürgerkrieg einleitete. Lange drangen die für die Sklaverei kämpfenden Südstaaten-Truppen immer weiter auf das Gebiet von Lincolns Nordstaaten vor. Bei Gettysburg wehrte die Nordarmee die Angreifer ab. 6.000 Menschen bezahlen die Kriegswende mit dem Leben, über 50.000 mit oft schweren Verletzungen.

Lincoln erinnert als Ehrengast in einem Grußwort an die Ideale, denen sich die Sklaverei-Gegner opferten. Weil er in zwei Minuten die Aufgabe der USA in der Welt zusammenfasst, weil er den Amerikanern inmitten eines blutigen Krieges Sinn und Hoffnung schenkt, gehen seine Worte in die Geschichte ein und nicht die der anderthalbstündigen Hauptrede. Lincoln sagt:

> „In dreizehn Jahren wird ein Jahrhundert vergangen sein, seit unsere Vorfahren auf diesem Kontinent eine neue Nation gründeten, gezeugt in Freiheit und gewidmet dem Grundsatz, dass alle Menschen gleich geschaffen sind.
>
> Nun ringen wir in einem großen Bürgerkrieg darum, ob diese Nation, oder jede Nation dieses Ursprungs und dieses Ziels,

lange überleben kann. Wir versammeln uns auf einem großen Schlachtfeld dieses Kriegs. Wir sind zusammengekommen, um einen Teil dieses Felds denen zu weihen, die ihre Leben gaben, damit diese Nation überlebt. Es ist billig und recht, dies zu tun.

Doch in einem weiteren Sinne können wir diesen Boden gar nicht weihen, nicht segnen, nicht heiligen. Die tapferen Männer, lebend wie tot, die hier kämpften, haben ihn weit mehr geweiht, als unsere schwachen Kräfte dem etwas hinzufügen oder wegnehmen können. Die Welt wird weder viel Notiz davon nehmen noch sich lange erinnern, was wir hier sagen. Aber sie kann nie vergessen, was jene hier taten.

Es ist vielmehr an uns, den Lebenden, hier dem unvollendeten Werk geweiht zu werden, das diejenigen, die hier kämpften, so edelmütig verfolgten. Es ist an uns, der großen Aufgabe geweiht zu werden, die noch vor uns liegt; auf dass uns die edlen Toten mit wachsender Hingabe für die Sache erfüllen mögen, der sie das höchste Maß an Hingabe erwiesen haben; auf dass wir hier feierlich beschließen, dass diese Toten nicht vergebens gestorben sein sollen; dass diese Nation, unter Gott, eine Wiedergeburt der Freiheit erleben soll; und dass die Regierung aller Menschen unseres Landes, durch alle Menschen und für alle Menschen, nicht von der Erde verschwinden möge."

....

Eineinhalb Jahre nach dieser Rede, zwei Wochen vor der endgültigen Kapitulation des Südens, stirbt Lincoln durch die Kugel des Attentäters John Wilkes Booth. Der Schauspieler schießt den Präsidenten im Theater nieder, um den von ihm geschaffenen Geist zu stoppen. Doch Lincolns Geist überlebt. Amerikaner lernen seine Gettysburg-Rede heute in der Schule. Regisseure verewigten sie auf der Kino-Leinwand.

Lincoln brennt seine Worte ins Bewusstsein der Amerikaner, weil er ihnen schenkt, was jedes Land braucht: einen Platz in der Welt. Eine Verbindung von Alltagsproblemen und politischem Klein-Klein zu Menschheitsgeschichte und Fortschritt. Die Antwort auf die Fragen: „Wieso ist es wichtig, dass ich mich hier und heute richtig verhalte? Wieso macht mein Verhalten inmitten kosmischer Unendlichkeit einen Unterschied?"

Weil wir als Gesellschaft gemeinsam für etwas kämpfen, antwortet Lincoln. Dafür, dass jeder Mensch Rechte besitzt, die ihm niemand nehmen kann. Dafür, dass diese Rechte für alle gleichermaßen gelten. Und dafür, dass eine Regierung diese Rechte schützt. Eine derartige Gesellschaft verbessert langfristig das Leben aller ihrer Mitglieder. Auch unseres. Auch das unserer Kinder. Dafür lohnt es sich zu kämpfen.

Für sich genommen verhallen diese Botschaften, weil sie zu unsexy sind. Lincoln überträgt ihnen aber seine Anziehungskraft, wie Lance Armstrong und Colin Kaepernick ihre Anziehungskraft auf Nike übertrugen. Ein Präsident, der gegen alle Widerstände und Risiken die Sklaverei beendete, verströmt energiegeladenes Außenseitertum. Jeder will ein wenig wie Lincoln sein. Jeder fragt sich: „Wie mache ich das?" Wo moderne Werbung sagt: „Kaufe dieses Produkt!", sagt Lincoln: „Lebe diese Werte!"

Vorbilder wie Lincoln machen Demokratie sexy. Weil wir im gleichen Geiste handeln wollen wie sie, lassen sie uns auch schwer fühlbare Werte fühlen. Sie liefern uns das Gegengewicht zu den gut fühlbaren Versprechen von Populisten und Moralisten. Das ist ihr erster Vorteil.

Ich zweiter Vorteil besteht darin, dass sie Gesellschaften die Hoffnung erhalten. Lincoln schenkt den Amerikanern in einer ihrer schwersten Krisen die Hoffnung, miteinander langfristig ihre Leben zu verbessern. Die Hoffnung, gemeinsam alle Probleme zu lösen und ihr Schicksal selbst zu bestimmen. Wie wir gesehen haben, brauchen Gesellschaften diese Hoffnung wie der Mensch die Luft zum Leben.

Wir haben auch gesehen, wieso eine Demokratie als einzige Staatsform überhaupt Grund zur Hoffnung gibt. Diese Erkenntnis erreicht aber nur den langsamen Teil unseres Gehirns. Sollen die Menschen danach handeln, müssen wir sie fühlbar machen. Menschen folgen, was Optimismus schürt. Eine Demokratie muss das besser können als ihre Gegner, die Hoffnung an alles verändernde Umbrüche oder starke Herrscher knüpfen. Ohne Vorbilder scheitert sie daran.

Vorbilder wie Lincoln erinnern uns: Wir können froh sein, unsere größten Probleme im Sinne von Demokratie und Menschenrechten gelöst zu haben. Wir können dies wieder schaffen. Und wenn wir auf der Seite der Menschen stehen wollen, die wir verehren, sollten wir das auch.

Die US-Demokratie überlebte Jahrhunderte, weil sie Demokratiefeinden fühlbare hoffnungsvolle Werte entgegenhielt. Sie beseitigte immense Geburtsfehler wie die Sklaverei. Sie fand nach Krisen, in denen sie Lincolns Ideale verletzte, zu diesen zurück. Sie überlebte einen Bürgerkrieg, Massenproteste und erschossene Staatsoberhäupter. Sie überlebte mehr Zerstrittenheit und Spaltung als die Bundesrepublik sie je erlebte. Ich würde auch nach der Wiederwahl Donald Trumps ungern gegen sie wetten.

Wollen wir die Widerstandsfähigkeit der US-Demokratie auf Deutschland übertragen, brauchen auch wir eine robust optimistische, hoffnungsvolle Demokratie. Dabei stoßen wir auf die nächste Herausforderung: Das amerikanische Problem lautet, dass nicht alle Amerikaner Lincolns Idee folgen. Das deutsche Problem lautet, dass unser Land keinen Lincoln verehrt. Warum die Schwierigkeiten unserer Zeit auf dieses Fehlen zurückgehen und wie jeder von uns mit einfachen Mitteln hilft, dieses Problem zu lösen, zeigt die Rede eines Bürgerrechtlers, die er bewusst zu Füßen Abraham Lincolns hält.

Träumen wir realistisch

Ein Jahrhundert nach der Rede in Gettysburg überblickt Abraham Lincoln erneut, wie legendäre Worte den USA in einer Sinnkrise Hoffnung schenken. Als überlebensgroße Statue aus weißem Marmor thront der Ex-Präsident inmitten des Lincoln Memorials in Washington. Zu seinen Füßen, spricht an diesem 28. August 1963 Martin Luther King zu mehr als 250.000 Menschen.

Den Ort seiner Rede hat King mit Bedacht gewählt: Der Südstaaten-Pfarrer kämpft gegen die Rassentrennung, die Amerikanern mit dunkler Haut auch 100 Jahre nach Lincoln noch schlechtere Schulen, Wohnorte und Toiletten aufzwingt als Amerikanern mit weißer Haut. Das Land verstößt gegen die Werte, die es verehrt. Gegen die Werte, die es neben der Statue des Präsidenten als Inschrift seiner Gettysburg-Rede in Stein gemeißelt hat.

Millionen Amerikaner folgen King. Seit Polizisten in Alabama im Dezember 1955 Rosa Parks festnahmen, weil diese ihren Sitzplatz im Bus nicht für einen weißen Fahrgast räumte, protestieren immer mehr Menschen gegen in Gesetze gegossenen Rassismus. Nun kommen sie nach Washington, um ihre Forderungen auf die Bühne der Hauptstadt zu tragen. King soll dafür die richtigen Worte finden.

Doch dieser erreicht die von der Sommerhitze schweißgebadeten Menschen an diesem Tag nicht. Er folgt eng seiner Redevorlage und lässt das Gefühl vermissen, das seine Anhänger sonst begeistert. Gegen Ende der Rede ruft eine zuvor aufgetretene Gospelsängerin: „Erzähl' ihnen von deinem Traum, Martin!"

King hält kurz inne, legt das Manuskript zur Seite und spricht Sätze, die er in der Nacht zuvor aus seiner Rede strich, die schon in der Nacht danach aber fast jeder Amerikaner kennt:

> „Trotz der Schwierigkeiten von heute und morgen, habe ich noch immer einen Traum. Es ist ein Traum, der tief im amerikanischen Traum verwurzelt ist. Ich habe einen Traum, dass sich diese Nation eines Tages erheben und der wahren Bedeutung ihres Glaubensbekenntnisses gerecht werden wird: ‚Wir halten diese Wahrheiten für selbstverständlich, dass alle Menschen gleich geschaffen sind.' ...
>
> Ich habe einen Traum, dass meine vier kleinen Kinder eines Tages in einer Nation leben werden, in der sie nicht nach der Farbe ihrer Haut, sondern nach dem Wesen ihres Charakters beurteilt werden. ...
>
> Wenn Amerika eine großartige Nation sein soll, dann muss dies wahr werden. ... Von jedem Berghang soll die Freiheit erklingen."

King lockert mit seiner Rede die Fesseln von Millionen dunkelhäutigen Amerikaner, weil er an eine Gesellschaftskultur anknüpft, die diese Fesseln als Verbrechen entlarvt: Er nutzt die Formulierung der Gründerväter, alle Menschen seien „selbstverständlich" gleich. Er erinnert an Lincolns Traum einer Regierung aller für alle. Er appelliert an den Glauben der Amerikaner, das beste Land der Welt zu schaffen, indem sie seinen Bewohnern die meisten Freiheiten, die größten Möglichkeiten und die gerechtesten Bedingungen bieten. Wollen sie dieses Selbstbild wahren, wollen sie ihren Vorbildern gerecht werden, müssen sie Gesetze ablehnen, die einige Menschen wie Tiere behandeln. Das macht King ihnen an diesem Tag unmissverständlich klar.

King macht den Menschen auch klar, dass sie diesen Weg gemeinsam gehen müssen. Während einige Bürgerrechtler zur Gewalt aufrufen, mahnt King zur Friedfertigkeit. Die meisten Menschen folgen King – trotz jahrhundertelanger Unterdrückung, trotz Polizeigewalt. Die Ideen der Gründerväter, feingeschliffen durch Vorbilder wie Lincoln, verleihen einem einfachen Südstaaten-Pfarrer die Macht, Gerechtigkeit gegen alle Widerstände durchzusetzen.

Diese Macht nutzt auch Robert F. Kennedy, als er Menschen im schwarzen Ghetto von Indianapolis am 4. April 1968 die Nachricht von der Ermordung Kings überbringt. Ein Rassist hat den Pfarrer vor seinem Motel in Memphis erschossen. Kennedy, auf der Ladefläche eines Sattelschleppers stehend, bekundet den Zuhörern seine Trauer. Der damalige Präsidentschaftsanwärter spricht erstmals über die Ermordung seines Bruders, den fünf Jahre zuvor erschossenen Präsidenten John F. Kennedy. Er sagt, das Land brauche keinen Hass, keine Spaltung, keine Gewalt. Er sagt, das Land brauche den Wunsch nach Gerechtigkeit für die, die leiden. Egal, welche Farbe ihre Haut hat.

> „Wir können Gutes tun in diesem Land. Wir werden schwierige Zeiten erleben. … Es ist nicht das Ende der Gewalt; es ist nicht das Ende der Gesetzlosigkeit; es ist nicht das Ende der Unordnung. Aber die überwiegende Mehrheit der Weißen und die überwiegende Mehrheit der Schwarzen in diesem Land wollen zusammenleben, wollen die Qualität unseres Lebens verbessern und wollen Gerechtigkeit für alle Menschen, die in unserem Land leben. Widmen wir uns dem, was die Griechen vor so vielen Jahren schrieben: die Wildheit des Menschen zu zähmen und das Leben in dieser Welt sanft zu gestalten."

Nach der Ermordung Kings brechen in vielen US-Großstädten gewalttätige Unruhen aus. In Indianapolis, wo Kennedy diese Rede hielt, nicht.

Die USA überlebten als Demokratie dank Menschen wie Kennedy, Lincoln und King. Dank Menschen, die Dunkelheit Hoffnung entgegensetzen. Dank Menschen, die das Land selbst im Chaos um Rassismus und Vietnamkrieg daran erinnern, dass es Probleme gemeinsam besser löst als gegeneinander.

Niemand von uns hält wohl je geschichtsträchtige Reden wie King oder Kennedy. Aber jeder von uns verbreitet jeden Tag etwas Hoffnung oder etwas Untergangsstimmung. Weil wir uns nicht der Gesellschaft entziehen können, können wir uns nicht dem Kampf dieser Gegensätze entziehen. Wir können nur unsere Seite wählen. Lassen Sie uns Hoffnung säen!

Wenige Monate nach seiner Rede in Indianapolis stirbt auch Robert Kennedy durch die Kugeln eines Attentäters. Damit verdeutlicht er den zweiten, oft übersehen Teil seiner Rede. Kennedy versprach den Menschen keine endgültigen Siege, kein „Wählt mich und alles wird gut". Er versprach ihnen, langfristig gemeinsam Dinge zu verbessern, trotz Schwierigkeiten und Widerständen. Er versprach ihnen einen realistischen Traum.

Diesen realistischen Traum brauchen Demokratien. So wie auch Ehen wohlmeinender Partner Krisen erleben, aber glücklicher verlaufen als Ehen selbstsüchtiger Lügner, machen auch Länder mit demokratiebejahender Gesellschaftskultur Fehler. Aber sie machen weniger davon. Sie besitzen einen Sicherheitsmechanismus, der Schlechtes korrigiert und das Schlimmste verhindert. Stück für Stück entwickeln sie sich Richtung Gerechtigkeit, Sicherheit und Wohlstand. Der Weg bleibt holprig. Im Vergleich zu allen anderen Staatsformen und Gesellschaftskulturen verläuft er jedoch geradlinig und glatt. Wir gehen ihn weiter, indem wir realistisch träumen, statt auf große Siege hoffen.

Diese Botschaft könnte kaum unsexyer sein. Erst Vorbilder machen sie fühlbar. Vorbilder, die in ihrem Dienst gegen alle Warnungen in Ghettos auf Lkws klettern, um Menschen die Ermordung ihres Helden zu berichten. Vorbilder, die im Kampf gegen die Sklaverei ihre Leben riskieren. Demokratie braucht einen realistischen Traum. Und sie braucht Vorbilder, die ihn uns fühlen lassen. Das macht Menschen wie Lincoln, King und Kennedy so wichtig.

Leider lässt uns die Gesellschaftskultur in Deutschland derzeit keinen realistischen Traum träumen. Sie kann es gar nicht.

Begründen wir die Demokratie besser!

Stellen Sie sich vor, Sie sitzen beim Finale in Wimbledon und geigen dem Schiedsrichter die Meinung: „Der Ball war nie aus!" Dazu noch einige Beleidigungen.

„Sowas macht man beim Tennis nicht", flüstert ihr Sitznachbar. Sie wissen, er hat recht. Bis zum nächsten Aufschlag. Der Schiedsrichter gibt den Ball erneut aus. Mit ausgestrecktem Mittelfinger rennen Sie zur Absperrung und brüllen los.

Sekunden später schiebt Sie eine Sicherheitsmitarbeiterin zum Ausgang. Alle Zuschauer denken: „Verdiente Strafe." Vermutlich denken sie das auch. Obwohl Pöbeleien und Stinkefinger in vielen Sportarten niemanden überraschen: Beim Tennis akzeptieren Sie einen Rausschmiss dafür.

Sportkulturen stellen nicht nur Regeln auf. Sie überzeugen Fans auch von deren Bedeutung. Die meisten Wimbledon-Zuschauer würden den Satz unterschreiben: „Wir können uns beim Tennis nicht wie Fußballfans verhalten." Kleine gelbe Bälle fliegen zwar auch bei Gegröle. Trotzdem gilt: Beim Tennis bleiben Zuschauer sachlich. Wer das nicht tut, bekommt Probleme.

Wie beim Tennis begründet jede Gruppe ihre Regeln. Einige Kulturen lehren Fahranfänger, sich an Verkehrsregeln zu halten: „Sonst entsteht Chaos." Andere Kulturen lehren Fahranfänger, die Regeln zu brechen: „Wer es nicht macht, ist der Dumme." Die Begründungen wechseln. Aber alle Gruppen verwenden Begründungen.

Kulturen ohne Begründung vergehen. Dächten Tennis-Fans: „Es ist okay, die Beherrschung zu verlieren", ähnelten Wimbledon-Tribünen bald Bundesliga-Südkurven. Was wir heute als Fankultur des Tennis kennen, wäre dahin.

Auch Demokratien müssen ihre Werte begründen oder sie vergehen. Die USA tun das. Deswegen überlebten sie lange. Deutschland fehlen fühlbare Begründungen für demokratische Werte. Das Grundgesetz schenkt uns den wunderbaren Satz, die Würde des Menschen sei unantastbar. Fragen wir aber Leute auf der Straße, was diesen Satz so wichtig macht, könnte es kaum jemand erklären. Einige erinnern sich noch an auswendig gelernte Antworten aus der Schule. Aber wer fühlt diese Antworten schon? Wer meint, dass dieser Satz unsere größte Errungenschaft darstellt? Fast niemand. Fragen wir aber Populisten und Moralisten nach ihren Überzeugungen, erhalten wir begeisterte Antworten. Da liegt unser Problem.

Wie wir bei Lincoln, Kennedy und King gesehen haben, können auch Demokratien begeistern. Dies gelingt aber nur auf eine von drei Weisen:

1. *Im Gegensatz zu abschreckenden Beispielen:* Der direkte Vergleich zu Nazideutschland und Sowjetunion festigte in westlichen Ländern den Glauben an Demokratie und

Menschenrechte. Der Gegensatz und die Furcht vor der Alternative machten die Vorteile dieser Werte für ihre Bewohner fühlbar.
2. *Verknüpft mit Nationalismus:* Der Glaube, als Erfinder von Demokratie und Menschenrechten einen besonderen Platz in der Geschichte zu besitzen, motiviert einige Länder, diese Werte zu verteidigen. Ihre Einwohner fühlen den Stolz auf ihren Beitrag zur Demokratie.
3. *Verknüpft mit Vorbildern:* Martin Luther King, Abraham Lincoln, die US-Gründerväter: Folgt ein Land dem Vorbild demokratischer Helden, will es ihren Geist fortführen. Auch diese Verehrung fühlen wir.

King und Lincoln nutzten in ihren legendären Reden alle drei Ansätze. Sie betonten die Bedrohung Rassismus, erinnerten an den besonderen Auftrag der USA und an Vorbilder wie die Gründerväter. Indem sie die Werte des Landes weiterentwickelten und den Menschen die Angst vor Veränderungen nahmen, wurden sie selbst zu Vorbildern.

Wir können den US-Ansatz leider nicht einfach auf die Bundesrepublik übertragen, weil keine der drei klassischen Stützen von Demokratieliebe heute in Deutschland funktioniert:

1. Bis zum Zusammenbruch der Sowjetunion schätzten die Deutschen ihre Demokratie als Schutz vor einem Angriff des Ostblocks. Seit diese Sorge mit der Wiedervereinigung entfiel, sind zu viele Deutsche Schönwetter-Demokraten. Länder, die unseren Wohlstand und

unsere Sicherheit gefährden, erregen zu wenig Furcht, um uns im Gegensatz für demokratischen Werte zu begeistern.
2. Deutschland fehlt die historische Bindung zur Demokratie. Es hat sie nicht erfunden. Es hat sie 1945 bis zur letzten Patrone bekämpft. Die Friedliche Revolution von 1989/90 hätte diese Verbindung stiften können. Weil Deutschland diese Chance aber vergab, missbraucht die AfD die Montagsmärsche inzwischen im Kampf gegen die Demokratie.
3. Unser Land verehrt keine Demokratie-Helden wie Martin Luther King oder Nelson Mandela. Am ehesten genießt der Hitler-Attentäter Graf von Stauffenberg Helden-Status. Aber er war kein Demokrat. Selbst die Geschwister Scholl leiden darunter, im Stillen gegen die Unterdrückung des Dritten Reichs gekämpft zu haben. Großeltern erzählen Enkeln nicht, wie sie in den Nachrichten von ihren Flugblattaktionen erfuhren. Der Weißen Rose fehlt die Verankerung im Bewusstsein der Gesellschaft.

Die Geschichte liefert uns keine eindeutige Vorlage, Demokratie in Deutschland sexyer zu machen als populistische Hetze und woke Empörung. Not macht aber erfinderisch. Lassen wir uns also etwas Besseres einfallen.

Was Sie tun können:
Nicht nur innerlich Demokrat sein

Die Reaktion eines Finanzredakteurs auf einen Artikel, den ich über ETFs, geschrieben habe, verdeutlicht das Problem unserer Gesellschaftskultur: Es stimmt, schreibe ich in dem Beitrag, dass ETFs seit Jahrzehnten durchschnittlich sechs bis acht Prozent Rendite pro Jahr abwerfen. Das liegt aber daran, dass diese Berechnungen meist nach dem Zweiten Weltkrieg beginnen. Seitdem vermehrt die Welt ihren Wohlstand fast unter Idealbedingungen: wenige Kriege, Ende des Ostblocks, mehr Welthandel, wachsende Weltbevölkerung, abnehmende Armut. Perfekt. Diese Entwicklung kann sich fortsetzen, muss sie aber nicht.

Gegen eine Fortsetzung spricht, dass heute in vielen Ländern Populisten Demokratie und Welthandel gefährden. Chinas Angriffsvorbereitungen gegen Taiwan bedrohen die internationale Ordnung. Das Bevölkerungswachstum verlagert sich von Asien nach Afrika, wo es Fluchtbewegungen auszulösen droht, statt den Wohlstand zu vermehren. Das Wachstum, das die Börsen seit Jahrzehnten zu Rekorden treibt, ist in Gefahr.

Probleme gab es aber schon immer. Seit in vielen Ländern die Demokratie herrscht, die UN internationale Zusammenarbeit fördert und Handel viele Länder verflechtet, löst die Politik Probleme eher, als sie zu verschlimmern. Sie verbündet Staaten eher als sie zu verfeinden und lindert Krisen eher, als Fluchtbewegungen loszustoßen. Verständigung und Zusammenarbeit überwinden Herausforderungen.

Wer an der Börse für den Ruhestand spart, folgere ich im Artikel, sollte helfen, damit das so bleibt: Demokraten wählen statt Populisten, Falschinformationen entgegentreten statt weiterverbreiten, für Handel und Verständigung werben statt für Isolation. Eigentlich offensichtlich.

Am Tag nach der Veröffentlichung sagt mir ausgerechnet besagter Finanzredakteur, als Einzelner habe er auf die Politik keinen Einfluss. „Was soll ich schon machen?" Derweil verbreiteten in den Kommentaren zum Artikel Hunderte nachweislich echter deutscher Populismusanhänger Verschwörungstheorien. Sie fragen nicht: „Was kann ich schon ausrichten?" Sie machen sich an die Arbeit.

Dieser Unterschied verdeutlicht unser Problem. Minderheiten werben für ihre Ziele, weil sie Mehrheiten werden wollen. Sie verstehen intuitiv, dass kleinste Handlungen im Laufe der Zeit unser Land verändern. Sie sprechen über ihre Überzeugungen und zeigen diese. Auf Straßenschildern kleben Aufkleber von Fußball-Ultras, All-cops-are-bastards-Schriftzüge und andere extreme Botschaften, aber kaum EU-Flaggen oder Menschenrechtssticker. Die Gegner unserer freiheitlichen Gesellschaft nutzen ihre Vorteile selbstverständlicher als ihre Verteidiger.

Beim Fußball halten gemäßigte Fans gegen Ultras dagegen, indem sie ins Stadion gehen, Trikots ihrer Mannschaft tragen und im Alltag über ihr Team reden. Neue Fans erkennen: Ich muss kein Extremist sein. In der Politik geben sich Demokraten zu selten zu erkennen. Alle Wahlkämpfe der jüngeren Vergangenheit zeigten: Anhänger von Populisten stellen deutlich häufiger Zeichen auf, hissen häufiger Fahnen, pflastern ihre Autos häufiger mit Aufklebern zu als Anhänger von Demokraten.

Soll die Demokratie überleben, braucht sie sichtbare Unterstützer. Es reicht nicht, Politik als Privatsache abzutun. Es reicht nicht, nur innerlich Demokrat zu sein. Tun Demokraten nichts, während Nicht-Demokraten kämpfen, bleibt der Sieg der Nicht-Demokraten eine Frage der Zeit.

Jetzt denken Sie vielleicht: „Aber ich will niemanden nerven und ich will nicht mit Unbelehrbaren diskutieren." Ich auch nicht. Müssen wir auch nicht. Es geht eher darum, wie gemäßigte Fußballfans unaufdringlich Präsenz zu zeigen.

Warum das hilft, erklärt eine Denkweise, die Psychologen „Verzerrung durch reines Ausgesetztsein" nennen: Je häufiger wir eine Botschaft hören, umso besser gefällt sie uns. Nur, weil wir sie häufiger hören.

Populisten und Moralisten missbrauchen diese Denkweise, indem sie immer die gleichen Parolen wiederholen: „Die Bundesregierung ist korrupt" oder „Die Bundesregierung ignoriert die Probleme der Schwachen". Aktuelle Themen betten sie in diese Botschaften ein und sagen so immer dasselbe. Ihre Anhänger setzen uns die Botschaften immer wieder vor. Lesen und hören wir immer das Gleiche, glauben wir es irgendwann. Die Botschaft wirkt, als erkläre sie alles.

Demokraten wiederholen glücklicherweise nicht immer das Gleiche. Wer Rente, Steuern und Energiepolitik mit jeweils eigenen Ansätzen angeht, findet bessere Lösungen als jemand, der alle Probleme auf Ausländer und Bundesregierung schiebt. Er vermittelt aber für jedes Thema eine neue Botschaft statt flächendeckender „Die da oben sind böse"-Bilder. Dadurch bleibt er unattraktiver.

Das ist ein Problem. Wie wir im vorigen Abschnitt gesehen haben, fehlen Deutschland für eine demokratisch-hoffnungsvolle Gesellschaftskultur Vorbilder, historische Verbindung und abschreckende Beispiele anderer Länder. Vertreten Demokraten auch noch unattraktive Botschaften, liefern sie dem automatischen Teil unseres Gehirns, dem Hauptentscheider, keinen Grund, ihnen zu folgen. Damit könnten sie auch gleich aufgeben.

Dieses Problem lösen wir, indem wir die Verzerrung durch reines Ausgesetztsein für uns einsetzen: Demokraten vertreten zwar bei jedem Thema eine eigene Meinung. Sie können aber immer wieder für Demokratie und Verständigung werben. Vermitteln Demokraten zuallererst die Botschaft, dass *sie unabhängig von ihren konkreteren politischen Zielen* Einigung, Kompromisse und Menschenrechte als höchstes Gut ansehen, entreißen sie Populisten einen ihrer wichtigsten Tricks.

Das erreichen Demokraten, indem sie ihre Zustimmung zur Demokratie eindeutig zeigen. In Gesprächen, aber auch passiv durch Symbole wie EU-Flagge, UN-Flagge oder was immer jeder Einzelne mit diesen Werten verbindet. Die genaue Form muss jeder für sich selbst finden. Wichtig ist, dass Nachbarn und Freunde wissen: „Der wählt demokratisch." Wissen wir das von der Mehrheit unserer Nachbarn, wehen über mehr Gärten demokratiebejahende Zeichen als AfD-Flaggen, erkennen auch in Filterblasen Gefangene: Ihre Meinung ist nicht so weit verbreitet, wie sie glauben. Die Mehrheit denkt anders. Es gibt viele Demokraten. Und die wollen auch weiter in einer Demokratie leben. Ohne große Vorbilder wie Lincoln und Kennedy brauchen wir die Vorbildfunktion von uns allen, um Demokratie sexy zu machen.

An meinem Auto klebt deswegen eine EU-Flagge. Nichts von mir sehen so viele Menschen wie das Heck meines Autos. Niemand schaut auf die Front eines Nachfahrenden, aber jeder schaut auf das Heck des Vorherfahrenden. Auf dem Weg zur Arbeit müssen sich täglich Hunderte Menschen damit auseinandersetzen, dass ich unsere demokratischen Strukturen mag. Das mag banal wirken, aber es hilft. Je mehr Menschen Ähnliches tun, umso besser.

Nun könnte man sagen: Liefern Dinge wie Aufkleber nicht nur Ausreden, uns nicht stärker zu engagieren? Doch so einfach ist es nicht. Wer einen Marathon rennen will, beginnt sein Training nicht mit 42 Kilometern am Tag. Er beginnt mit einer Runde um den Block. Dann steigert er sich. Einige schaffen es bis zum Marathon. Andere bleiben bei einer Runde um den Block. Aber alle leben gesünder. Wer sich am ersten Tag einen Muskelkater abholt, läuft nie wieder.

Verhaltensänderungen beginnen mit kleinen Schritten. Wie weit sie führen, weiß niemand. Erfolgreiche Mini-Schritte erreichen aber mehr als gescheiterte Maximal-Versuche. Fangen wir klein an. Wie weit jeder Einzelne von uns dann kommt, werden wir sehen. Einige engagieren sich immer stärker, andere bleiben beim Aufkleber. Als Gesellschaft leben wir aber gesünder, wenn sich jeder ein wenig bewegt, als wenn einige Langstrecken rennen und der Rest auf der Couch sitzt.

In fünf Minuten: Hoffnung verbreiten

- *Möglichkeiten aufzeigen:* Wenn Populisten Menschen Hilflosigkeit einreden, verbreiten wir Hoffnung, indem wir Handlungsoptionen aufzeigen. Begegnen wir Klagen mit unaufdringlichen Tipps! „Dich stört der Beschluss des Stadtrats? Geh' zur Opposition. Geh' zum Anwalt." Auch wenn unser Gesprächspartner diese Optionen nicht umsetzt: Oft hilft es schon, sie zu kennen. Befreien wir Menschen von ihrer Hilflosigkeit, brauchen sie keine Undemokraten, die vorgeben, das zu tun.
- *Mit kleinen Dingen Verantwortung übernehmen:* Was auch immer in unserem Land passiert, verstehen wir es als unsere Verantwortung! Manchmal werden wir überstimmt. Das ist okay. Doch es bringt nichts, deswegen zu hadern. Statt anderen die Schuld zuzuschieben, fragen wir uns: Was können wir tun? Wie verhalten wir uns so richtig wie möglich? Was verbessert die Welt? Dann tun wir unser Bestes. Dazu reicht es oft, bei Themen, die uns wichtig sind, zwei, drei einfache Maßnahmen aufzuschreiben, wie wir sie beeinflussen. Den richtigen Organisationen spenden. Denen helfen, die sich für aus unsere Sicht wichtige Themen einsetzen. Hauptsache, wir leben Demokratie vor, statt durch Gemecker den Eindruck von Hilflosigkeit zu verbreiten.
- *Einmal die Woche den Mund aufmachen:* Niemand will sein Leben mit Debatten verbringen. Aber einmal die Woche 30 Sekunden, das schafft jeder. Ein Tipp, damit es nicht länger dauert: Fragen stellen. Meckert jemand über

> das Programm einer demokratischen Partei, hilft der Einwurf: „Was meinst du, warum die das wollen?" Bestenfalls durchdenkt der Gesprächspartner die Sicht der Partei und entwickelt Verständnis. Meisten entlarvt er sich durch eine Antwort wie „Weil sie alle dumm sind" als Schreihals. Dann genügt ein Kommentar wie „Die können nicht alle dumm sein", und das Gespräch ist vorbei. Zumindest die Zuhörer haben gelernt, dass es sich der Schreihals zu einfach macht. Unterschätzen Sie nicht, wie viel Hoffnung es verbreitet, wenn jemand Wut und Aufregung widerspricht, ohne selbst zu schreien.

Geben sich Demokraten zu erkennen und vermitteln entspannt ihre Überzeugung, gemeinsam alle Probleme zu lösen, schaffen wir eine hoffnungsvolle Gesellschaftskultur. Diese macht Demokratie sexy. Das ist richtig und wichtig. Es reicht aber noch nicht ganz. Wir brauchen noch ein letztes Puzzleteil: Populisten und Moralisten behaupten bei allen wichtigen Themen, die Demokratie sei zu langsam. Wir können nicht warten, meinen sie. Wir müssen jetzt handeln. Ohne zeitfressende Debatten und langwieriges Hin und Her.

Selbst die überzeugendsten Demokratievorbilder wirken dann schnell aus der Zeit gefallen. Als verblassten ihre Lehren gegen die immensen Herausforderungen unserer Zeit. Natürlich trügt dieses Gefühl. Verglichen mit den Problemen Lincolns und andere Demokraten verblassen eher unsere Herausforderungen. Trotzdem *wirkt* das Gefühl überzeugend. Das zählt. Wir brauchen also ein Gegenmittel. Dann müssen wir es so in unsere Hauptbotschaft einbauen, dass wir nicht Hunderte verschiedene Dinge bewerben, sondern eine zusammenhängende, fühlbare Botschaft.

Klingt kompliziert? Schaffen wir trotzdem. Packen wir's an.

Unterscheiden wir echte von falscher Hoffnung!

....

Am 28. Juli 1794 beendet eine letzte Hinrichtung in Paris das Massensterben, das ein angeblicher Demokrat dem Land brachte. Fünf Jahre nach dem Beginn der Französischen Revolution stirbt Revolutionsführer Maximilien Robespierre unter dem Fallbeil einer Guillotine, wie er in den Monaten zuvor rund 17.000 angebliche Demokratiefeinde ermorden ließ.

Als der Kopf Robespierres' von seinem Körper fällt, jubeln Tausende Zuschauer minutenlang. Wenige Jahre zuvor hatten die meisten von ihnen den Hingerichteten noch als Held von Freiheit, Gleichheit, Brüderlichkeit verehrt. Sie begannen ihn zu hassen, als er bewies: Selbst im Namen der Demokratie kann Terror entstehen, wenn der Demokratie die Hoffnung fehlt.

Die Geschichte dieser Warnung beginnt im Jahre 1789. Die Kosten von Kriegen, Seeflotte und Hofstaat des Königs haben das Land ruiniert, bis es die Hälfte seiner Einnahmen für Schuldzinsen ausgibt. So geht es nicht weiter. Vielen Franzosen scheint klar, was sich ändern muss: Bislang zahlen nur Bauern und Bürger Steuern. Der sogenannte Dritte Stand stellt 90 Prozent der Bevölkerung. Er trägt den Staat, darf aber nichts entscheiden. Viele Franzosen wollen auch die ersten beiden Stände, Kirchenvertreter und Adlige, zur Kasse bitten.

Immerhin zählen zu ihnen viele wohlhabende Menschen. Adlige und Kirchenvertreter blockieren diese Veränderungen.

Um den Stillstand aufzubrechen, beruft König Ludwig XVI. eine Generalständeversammlung ein. Aus dem ganzen Land kommen Vertreter der drei Stände nach Paris, um die Finanzkrise zu lösen. Damit Bauern und Bürger inmitten einer Hungersnot nicht noch mehr Abgaben zahlen müssen, erklären sich ihre Vertreter kurzerhand zum alleinigen Parlament. Eine Kampfansage an Adel und Kirche. Die Französische Revolution beginnt.

In den Wirren, die dieser Erklärung folgen, schwingt sich Robespierre zum Revolutionsführer auf. Als Abgeordneter des Dritten Stands nach Paris gekommen, klug und wortgewandt, will er Frankreich die Demokratie bringen. Er will die Todesstrafe abschaffen, die Presse frei berichten und alle Männer frei wählen lassen. Seine Anhänger nennen ihn den „Unbestechlichen".

Wenig später nennen sie ihn den „Blutrichter". Robespierre glaubt, die Demokratie nur sichern zu können, indem er ihre Feinde mit den Mittel einer Diktatur bekämpft: Er lässt den König hinrichten, dann immer mehr angebliche Feinde der Revolution. Bald läuft die Todesmaschine auf Hochtouren. Keine Anwälte für Verhaftete. Keine Wahlen.

1794 übernimmt sich Robespierre. Bei einer Rede vor hochrangingen Politikern droht er allen Anwesenden mit der Hinrichtung. Die mächtigsten Menschen der Republik verstehen: Bevor der Revolutionsführer eine Demokratie einsetzt, bringt er sie alle um. Einen Tag später beschließt das Parlament die Festnahme Robespierres. Zwei Tage später beendet die Guillotine sein Leben. Ohne Prozess.

Robespierres Geschichte warnt uns: Der Revolutionsführer meinte ehrlich, das zu tun, was auch wir tun wollen. Er strebte nach Demokratie. Er folgte großen demokratischen Vorbildern wie Jean-Jacques Rousseau. Er blickte sogar hoffnungsvoll in die Zukunft: Die französischen Revolutionäre meinten, ihre Gesellschaft neustarten zu können: reiner, tugendhafter, besser. Mehr Hoffnung geht kaum. Trotzdem schuf er Terror.

Robespierre schuf den Extremfall eines Musters, das wir häufig sehen: Beim Versuch, die Demokratie zu schützen, schaffen einige Gesellschaften die Demokratie ab. Manchmal verfolgen die beteiligten Politiker beste Absichten. Oft nutzen sie die Demokratieliebe ihrer Bürger aus. In den USA versucht Donald Trump diesen Trick, in Osteuropa gelang er bereits einigen Machthabern; die Geschichte hat ihn hundertfach erlebt. Es ist immer das gleiche Muster.

Wie geschieht so etwas? Was lernen wir daraus? Und wie vermeiden wir den gleichen Fehler? Diese Fragen müssen wir als Gesellschaft beantworten. Dabei helfen uns zwei Briten, die Schreckliches erlebten, aber sehr unterschiedlich darauf reagierten.

Hören wir auf, gegen das Böse zu kämpfen!

Im Jahr 1651 zeigt ein furchtsamer Engländer, wieso der Versuch, das Gute zu erzwingen, in Grausamkeiten endet. Thomas Hobbes, hochbegabter Hauslehrer adliger Kinder, hat im englischen Bürgerkrieg sieben Jahre lang Königstreue und Parlamentsanhänger morden sehen. Hunderttausende starben, weil Engländer, Schotten und Iren um die richtige Religion stritten, und darum, ob sich Könige nur vor Gott oder auch vor Parlament und Volk verantworten müssen.

Als die Waffen endlich schweigen, der König unter der Guillotine stirbt und England die Monarchie vorübergehend abschafft, ersehnt Hobbes einen Herrscher, der neue Blutbäder verhindert. Dafür schreibt er 1651 eines der einflussreichsten Bücher aller Zeiten: den *Leviathan*.

Hobbes stellt die Welt auf den Kopf: Bislang stritten die Menschen, welchen Herrscher Gott wünscht. Hobbes erkennt: Das religiös zersplitterte England des 17. Jahrhunderts vereint nie alle Glaubensbekenntnisse hinter einem König. Die Suche nach des Schöpfers Wunschregenten führt ins Gemetzel. Dieses Problem löst Hobbes, indem er Könige auf Erden statt im Himmel rechtfertigt. Ähnlich den zu seiner Zeit aufstrebenden Naturwissenschaften, die Sterne und Schwerkraft mit natürlichen, statt übersinnlichen Kräften erklären, ebnet er der Politik eine irdische Grundlage. Eigentlich eine klasse Idee.

Hobbes beginnt seine irdische Erklärung, indem er fragt, wieso Menschen überhaupt Staaten gründen. Ohne Gesetze können wir tun und lassen, was wir wollen. Warum geben wir Freiheiten zugunsten von Verboten und Regeln auf?

Warum unterwerfen wir uns einer Regierung? Hobbes beantwortet diese Fragen im Stile vieler Diktatoren: „Ohne Regierung herrscht Chaos."

Eine staatenlose Welt führt laut Hobbes in einen Krieg jeder gegen jeden. Die Lage eskaliert in vier Schritten:

1. In einer Welt ohne Gesetze nimmt sich jeder, was er kann. Weil nicht jeder alles haben kann, streiten wir um Nahrung, Sicherheit und Liebe.
2. Weil unsere Selbstsucht unseren Gemeinsinn übersteigt, achten wir in diesem Streit keine Grenzen. Dient es uns, morden und stehlen wir nach Belieben.
3. Weil wir erkennen, dass unsere Mitmenschen auch uns ermorden und berauben wollen, strecken wir mögliche Gegner in vorbeugenden Erstschlägen nieder. Alle anderen tun das auch.
4. Weil jeder Erstschläge fürchtet, schlägt er noch früher zu. Ein Teufelskreis. Jeder bekriegt jeden. Das Leben ist „einsam, armselig, scheußlich, tierisch und kurz."

Ohne Gesetze, die unsere gegensätzlichen Interessen regeln, besitzen wir laut Hobbes alle Freiheiten, doch sie nützen uns nichts. Erst der Staat beendet das Schlachten. Wir tauschen also freiwillig Freiheiten gegen Gesetze, um unser Überleben zu sichern.

Das macht Hobbes' Staat aber auch gefährlich: Soll ein Staat in einer Welt schlechter Menschen das Gute erzwingen, braucht er unbeschränkte Macht. Machtgrenzen lassen nur menschliche Schlechtheit in die Gesellschaft sickern. Im Namen des Guten erlaubt Hobbes Herrschern deshalb alles. Sie dürfen Bürger zwingen und töten. Keine Gewaltenteilung, keine Demokratie. Kein Gesetz kann unrecht sein. Der Zweck heiligt die Mittel.

Das Problem dieses Staatsverständnisses offenbart Robespierre: Auch er will das Böse im Menschen bekämpfen. Auch er glaubt, das Gute erzwingen zu müssen. Auch er meint, sich in diesem Kampf alles erlauben zu dürfen. Er schafft eine Terrorherrschaft, weil er es im Sinne von Frieden und Güte ehrlich für nötig hält.

Robespierre ist ein Verschwörungstheoretiker. Er teilt die Welt in Gut und Böse und sieht sich auf der Seite des Guten. Setzt er sich nicht durch – oder, noch schlimmer, setzt er sich durch, löst damit aber nicht alle Probleme –, kann er das nur mit Kräften des Bösen erklären. Unvorhergesehenes, Inkompetenz, Fehler und menschliche Schwächen passen nicht in sein Weltbild. Stattdessen sieht er überall Feinde und dunkle Mächte und Verschwörer. Ausgestattet mit unbegrenzter Macht, führt ein solches Weltbild zu Terror. Geht nicht anders.

Dieses Muster – Gut gegen Böse, eindeutige Verteilung, alles steht auf dem Spiel – bildet das Grundschema aller politischen Katastrophen. Jeder Staat, der so denkt, muss festlegen, wer die Guten sind und wer die Bösen. Dann bekämpft er die Bösen. Wird dann nicht alles gut, muss er folgern, dass es noch mehr Böse gibt. Also kämpft er auch gegen die. Alle Schurkenstaaten der Geschichte dachten und denken nach diesem Muster:

- Adolf Hitler behauptete, um Deutschland vor der jüdischen Verschwörung und dem Verlust seiner genetischen Reinheit zu bewahren, müsse der Staat Juden aus dem Land vertreiben oder töten sowie genetisch minderwertiges Leben ausrotten. Diese Denkweise rechtfertigte Weltkrieg und Holocaust.
- Lenin behauptete, um die Gesellschaft vor kapitalistischer Propaganda und reaktionären Kräften zu schützen, müsse der Staat die Menschen überwachen und kontrollieren, notfalls mit Gewalt unterdrücken. Diese Denkweise rechtfertigte Gulag und Mauermorde.
- Religiöse Fanatiker behaupten, eine minderwertige Weltsicht verlocke Menschen mit heimtückischen Methoden wie Sex, Drogen und Rock 'n' Roll zum moralischen Verfall. Dekadenz, Zügellosigkeit, Pornografie: Um die Hölle auf Erden zu verhindern, müssen sie mit allen Mitteln zurückschlagen. Diese Denkweise rechtfertigt Hinrichtungen und Folterungen.

Immer das gleiche Muster, immer das gleiche Problem. Sogar Vladimir Putin behauptet, er müsse die Ukraine überfallen, um den Frieden zu sichern. Alle zerstörerischen Regierungen verkaufen sich als letzte Verteidiger des Guten. Wir müssen als Gesellschaft einen Weg finden, diese Schrecken nicht noch einmal zu wiederholen. Die Geschichte hat diesen Film oft genug gesehen. Wir kennen das Ende.

Die Franzosen des späten 18. Jahrhunderts scheiterten daran, weil ihre Gesellschaftskultur Verschwörungstheoretiker durchaus sexy fand. In der Französischen Revolution trafen Hungersnot und Geldprobleme auf allgegenwärtiges Verschwörungsdenken und den Glauben, die Gesellschaft neustarten zu können: reiner, besser, edler. Die tugendhaften Patrioten müssten diesen Neustart nur gegen den Widerstand korrupter Verräter erzwingen. Schon seien viele, wenn nicht gar alle Probleme gelöst.

Diese Kultur suchte sich den Regenten, der zu ihr passte. Robespierre herrschte schrecklich. Dass er aber überhaupt herrschen durfte und dass er damit so lange durchkam, bleibt die Verantwortung der Gesellschaft. Die Menschen glaubten seinen Wahnsinn, weil die Gesellschaftskultur sie jahrzehntelang darauf vorbereitet hatte, ihn zu glauben.

Hobbes und Robespierre warnen uns vor schwarz-weißen Gut-gegen-Böse-Weltbildern. Wäre der Kampf für das Gute so eindeutig, spräche wenig dagegen, einen wohlmeinenden Herrscher uneingeschränkt das Böse bekämpfen zu lassen. Ist er aber nicht. Auch wohlmeinende Herrscher kämpfen gegen eingebildete Feinde. Selbstsüchtige Herrscher missbrauchen nach diesem Muster unser Streben nach dem Guten. Beides schafft Probleme.

Diese vermeiden wir, indem wir nicht gegen das Böse kämpfen und Politikern, die vorgeben dies zu tun, unsere Unterstützung verweigern. Freie Medien, andere Parteien, zivilgesellschaftliche Organisationen: Vor allem Populisten verbreiten Endloslisten angeblicher Demokratiefeinde. Wer behauptet, im Namen der Demokratie alle möglichen Feinde beseitigen zu müssen, schafft keine Demokratie. Er schafft Terror.

Auch aus der Behauptung, Menschen anderer Länder, einer Altersgruppe oder einer Glaubensrichtung seien alle schlecht, kann nichts Gutes entstehen. Wer nicht eine andere Partei ablehnt, sondern alle, wer alle anderen als böse verschreit und nur die eigene Gruppe als gut inszeniert, bringt unserem Land die gleiche Zerstörung und Unsicherheit wie all jene, die vor ihm so dachten. Das ist die „Alternative", die diese Politiker uns bieten.

Das bringt uns zur nächsten Herausforderung: Wollen wir nicht gegen das Böse kämpfen, was machen wir dann? Wir wollen alle Gutes schaffen. Wir wollen Hoffnung verbreiten. Können wir das nicht im Kampf gegen das Böse, wie können wir es? Diese Fragen beantwortet ein weiterer Engländer, dessen Einfluss den von Hobbes heute zum Glück übersteigt.

Glauben wir an gute Menschen!

Knapp vier Jahrzehnte nach Thomas Hobbes entwirft ein britischer Landarzt eine Antwort auf dessen düsteres Menschenbild, mit dem er die Welt vor dem sinnlosen Kampf gegen das Böse rettet. John Locke hätte leicht wie Hobbes denken können. Während seiner Zeit an der Eliteschule Westminster hörte er die Menge jubeln, als die Puritaner nach dem zweiten englischen Bürgerkrieg König Karl I. enthaupteten. Er kannte die Blutrunst entfesselter Massen. Doch Locke zog aus Ereignissen, wie sie den düsteren Hobbes nach unbeschränkten Herrschern rufen ließen, hellere Schlüsse.

Wie Hobbes hält Locke alle Menschen für weitgehend gleich stark. Er leitet daraus aber keinen Krieg aller gegen alle ab. Er meint: Weil niemand stark genug ist, alle anderen zu unterwerfen, zwingt uns unsere Gleichheit, Konflikte friedlich zu lösen. Wer sich mit Gewalt Besitz sichern will, scheitert und steht schlechter da, als wenn er die Ergebnisse friedlicher Zusammenarbeit hinnimmt. In einer Welt ohne Staat leben die Menschen nach Locke daher weitgehend gewaltfrei, wohlmeinend und von guten Absichten geprägt.

Aber eben nicht völlig. Setzt niemand Gesetze durch, kann uns jederzeit jemand unseres Besitzes oder unseres Lebens berauben. Das wäre zwar unklug: Die Person stünde am Ende schlechter da, als hätte sie uns nicht beraubt. Uns aber nützt das wenig. Wir brauchen jemanden, der Störenfriede bestraft, uns Gestohlenes zurückgibt und dadurch möglichst viele Nachahmer abschreckt.

Wie bei Hobbes gründen Menschen also auch nach Locke Staaten, um ihr Eigentum und ihr Leben zu sichern. Statt das pure Böse aus den Seelen seiner Bürger vertreiben zu müssen, ergreift dieser Staat aber lediglich die wenigen Maßnahmen, die den ohnehin vorherrschenden Frieden sichern: Rechte festlegen und für alle gleichberechtigt durchsetzen.

Lockes besseres Menschenbild führt ihn zu einem zahmeren Staat als Hobbes. Weil es das Gute schon gibt, weil es aus den Menschen selbst entsteht, darf eine Regierung dieses Gute zuallererst nicht vertreiben oder gar Schlechtes in die

Welt setzen. Sie muss Einschränkungen, Regeln und Gesetze beachten. Tut sie das nicht, dürfen die Menschen sie verklagen.

Ein revolutionärer Ansatz. In einer Zeit, in der absolutistische Könige viele Länder regierten, schien der Gedanke unvorstellbar, einfache Bürger die Mächtigen zur Rechenschaft ziehen zu lassen. Locke schenkte ihn der Welt. Er schützte die Menschen nicht nur vor den wenigen Mördern und Dieben unter ihnen. Er schützt sie auch vor dem Staat.

Damit in seinem Staat die Menschen das letzte Wort behalten und nicht die Politik, teilt Locke die Staatsgewalt auf. Heute würden wir sagen: Ein Parlament macht Gesetze, Gerichte sprechen Recht, eine Regierung führt die Geschäfte. Alle Staatszweige bleiben auf die Zustimmung des Volkes angewiesen. Die Menschen können Politiker stoppen, die gegen ihren Willen handeln. Dieser Staatsaufbau verschriftlicht ein positives Menschenbild. Demokratie, Menschenrechte und Gewaltenteilung, unabhängige Gerichte und gleiche Rechte für alle entspringen unweigerlich dem Glauben an grundsätzlich gute Menschen.

Locke und Hobbes ebnen unserer Gesellschaftskultur das Fundament, weil sie die Bedeutung unseres Menschenbilds offenbaren. Jede Regierung, die einige oder alle Menschen für von Grund auf böse hält, schafft Zerstörung. Ganz unabhängig davon, wie wir über die Menschheit denken: Niemand will in einem derartigen Staat leben. Sehen wir die Menschen als grundsätzlich gut, kann Politik sich darauf konzentrieren, das Zusammenleben zu verbessern. Keine Feindbilder. Kein Nullsummendenken. Kein Terror. Langfristig entstehen so Frieden, Sicherheit und Wohlstand.

Wir brauchen also nicht diskutieren, ob die Menschheit, „die Reichen" oder „die Migranten", „die Russen" oder „die Amerikaner" gut oder böse sind. Wir sind ohnehin alle ein wenig von beidem. Wer Hoffnung an den Sieg über ein böses Feindbild knüpft, schafft Zerstörung. Wer Hoffnung an Menschen knüpft, die möglichst ungestört, gleichberechtigt und chancengleich ihre Ziele verfolgen, schafft Wohlstand und Sicherheit.

Weil wir diese Botschaft schwerer fühlen als klare Gut-gegen-Böse-Weltbilder, brauchen wir Vorbilder, die sie fühlbar machen. Deswegen sind Menschen wie Lincoln, King und Kennedy so wichtig für die USA: Sie kämpften nicht *gegen* das Böse. Sie wollten niemanden besiegen, niemanden ausgrenzen und niemanden entrechten. Sie glaubten an grundsätzlich gute Menschen und kämpfen dafür, dass alle gleichberechtigt und frei leben dürfen. Sie wollten, dass ihre Gesellschaft in Frieden lebt und Probleme gemeinsam löst. Sie kritisierten andere, wenn sie diese Rechte verletzten. Aber sie kritisierten ihre Meinung. Nicht die Menschen an sich. Sie wollten Andersdenkende überzeugen, nicht besiegen.

Wir stärken Demokratie, Menschenrechte und Gewaltenteilung, indem wir den Glauben an gute Menschen stärken. Lassen Sie uns die Vorbilder sein, die unsere Demokratie dafür braucht!

Wir stärken Demokratie und Menschenrechte auch, indem wir sie wehrhaft machen gegen jene, die uns als das Böse bekämpfen: Wie Locke vom Staat fordert, die Regeln eines guten Menschenbilds durchzusetzen, muss auch Deutschland Recht und Ordnung durchsetzen: schlagkräftiges Militär, effektive Migrationsregeln, Schutz vor Geldwäsche und Bankentricksereien, Verbraucherrechte, Arbeitsschutz und Sozialleistungen, die auch etwas einfordern. Locke verlangt keineswegs Blauäugigkeit. Er fordert, dass wir uns gegen alle Widerstände für eine Welt einsetzen, in der grundsätzlich gute Menschen grundsätzlich gut leben. Dazu müssen wir auch Diktatoren aufhalten, die nach dem Recht des Stärkeren handeln, und Menschen, die andere ausnutzen. Wir sollten aber niemand vollends abschreiben. Wir sollten nie überall Feinde sehen.

Warum wir diese Ziele nicht in abstrakten Politikdebatten erreichen, sondern vor allem im Alltag, erklärt eine Urlaubsgeschichte.

Was Sie tun können: Vertrauen in die Menschheit weitergeben

Als ich in meinen Zwanzigern in Miami bei 45 Grad im Schatten in der Sonne auf einen Bus warte, ahne ich nicht, gleich eine der wichtigsten Lektionen meines Lebens zu lernen. Die beiden Menschen, die sie mir beibringen, ahnen es wohl auch nicht.

Einen Tag zuvor bin ich in die USA geflogen, um von Miami nach Las Vegas zu fahren. Ein Road-Trip in die große weite Welt, meine erste Reise allein, ohne Freunde und Familie. Ich will ein Auto kaufen, weil das günstiger ist als mieten. In mein knappes Budget passt aber nur eine weit entfernte Schrottlaube. Die Buslinie, die mich ihr näher bringen soll, fährt laut Schild „etwa alle 40 Minuten". Als ich nach einer Stunde Wartezeit mein T-Shirt auswringen kann, schleiche ich entmutigt zurück ins Hostel.

Dort erkennt ein Pärchen aus Düsseldorf meine Überforderung. Die beiden setzen mich in ihr Mietauto, fahren mich zum Autohaus und organisieren mir eine US-Simkarte fürs Handy. Im Stadtteil, den ich auf dem Weg zur Buslinie zu Fuß durchquerte, verriegeln sie die Autotüren: „Da hattest du viel Glück." Eine Handvoll Tipps, einige lehrreiche Geschichten, und ich bin Roadtrip-ready. Nach dieser Starthilfe läuft die Reise reibungslos.

So banal die Geschichte klingt, mir lieferte sie eine lebensverändernde Erfahrung. Die Düsseldorfer mussten mir nicht helfen. Sie konnten sich davon keinen Vorteil erhoffen. Sie taten es aus der Güte ihrer Herzen. Ich lernte: Viele Menschen helfen gerne.

Heute reise ich mit Vertrauen in die Menschheit. Ich ignoriere Schreckensberichte über Gegenden, solange dort kein Krieg herrscht, und fahre an Orte, von denen ich nicht das Geringste verstehe, im Vertrauen, dort Hilfe zu finden. Die einprägsamsten Erlebnisse meines Lebens beginnen an diesem Tag bei Miami.

Vertrauen in die Menschheit verbessert das Leben und verstärkt sich selbst. Aber es braucht einen Startschuss. Auf Reisen versuche ich Menschen daher zu helfen, wie mir die Düsseldorfer halfen. Vielleicht entzündet dies in ihnen die gleiche Lust auf die Menschheit wie in mir. Helfen auch sie anderen und diese wieder anderen, geben wir das Geschenk der Düsseldorfer hundertfach weiter.

Vertrauen in eine Gesellschaft entwickelt sich wie Vertrauen in die Menschheit: Startschuss, Weitergabe, Vervielfältigung. Misstrauen entsteht genauso. Weil Populisten, Moralisten und ausländische Mächte ständig neues Misstrauen in unserer Mitte ätzen, können Demokraten es sich nicht erlauben, weniger als selbstlose, hilfsbereite, gerechte Menschen zu sein. Wer in anderen das Vertrauen in unsere Gesellschaft wecken will, muss vorleben, dass es in ihr Vertrauenswürdiges gibt. Wer so denkt und handelt, opfert sich keineswegs für die Gesellschaft. Er hilft sich auch selbst.

Kaum jemand kennt die Namen seiner Ururgroßeltern. Kaum jemand kennt die Namen der meisten Kaiser und Könige. Auch ich werde vergessen sein, wenn mein letzter Verwandter und Freund gestorben sind. Das ist unvermeidbar.

Die Folgen unseres Handelns leben dennoch ewig. Jede Tat verbessert oder verschlechtert die Leben anderer Menschen. Wahrscheinlich schlägt keine Ihrer oder meiner Taten je so auffällige Wellen wie die Taten Lincolns und Kings. Unsere Wellen treffen aber andere Menschen. Die senden neue Wellen aus. Unser Einfluss kann diese Wellen etwas freundlicher oder unfreundlicher gestalten. Wir entscheiden, ob sie Katastrophen oder Glücksfälle bewirken, ob sie Hoffnung oder Verzweiflung säen. Wie beim Investieren wirkt auch hier der Zinseszins.

Ob künftig eher mehr Friedensstifter oder mehr Tyrannen auf der Welt leben, mehr selbstverliebte Rechthaber oder verständnisvolle Mitdenker, liegt auch an den Wellen, die wir heute aussenden. Wer lieber dem nächsten Gandhi den Boden bereiten will als dem nächsten Hitler, handelt auch bei vermeintlichen Nebensächlichkeiten ethisch einwandfrei.

Wer die Auswirkungen seines Handelns nicht weit in der Zukunft suchen will, kann auf die Jugendlichen seiner Umgebung blicken. Laut Studien bestimmen erwachsene Vorbilder in der Umgebung die Erfolgschancen junger Menschen stärker als alle anderen Einflüsse. Wir entscheiden, ob wir den Kindern unserer Nachbarschaft Freundlichkeit vorleben oder Missgunst. Sie richten sich danach, da können Sie sicher sein.

In fünf Minuten: Gutes Menschenbild verbreiten

- *Richtig handeln wollen:* Unser Einsatz für die Demokratie beginnt mit der grundsätzlichen Absicht, uns richtig zu verhalten. Nicht mit dem Finger auf andere zeigen. Nicht wütend werden. Natürlich gibt es Menschen, die Schlechtes wollen. Natürlich gibt es Menschen, die Wahrheiten verbiegen oder sinnvolle Dinge im Dienst von Schrecken einsetzen. Aber was bringt es, uns davon anstecken zu lassen? Diese Menschen sollten in uns das Verlangen wecken, besser zu handeln. Je besser wir uns behandeln, umso schwerer überzeugen uns russische Trolle, uns gegenseitig abzuschreiben.
- *Einmal darüber schlafen:* Soziale Medien motivieren uns, Dinge zu teilen, wenn wir sie am stärksten fühlen. Wer schon einmal einen Gefühlsbruch bereut hat, kennt die Probleme, die dadurch entstehen. Bevor wir das nächste

> Mal politische Beiträge teilen, kommentieren oder mit „gefällt mir" markieren, lohnt es sich daher, wie offline auch, innezuhalten. Schlafen wir einmal darüber. Oft verkocht unser Unmut. Dann begegnen andere Nutzer online nicht der schlechtesten Version unserer selbst. Das verbessert ihr Menschenbild.
> - *Gegen Ideen argumentieren, nicht gegen Menschen:* Sagen Menschen Dinge, die uns erzürnen, kritisieren wir schnell die Menschen, statt ihre Argumente. Damit mindern wir ihren Glauben an gute Menschen und verdrängen sie aus der öffentlichen Debatte, bis sie nur noch mit Gleichgesinnten reden. Argumentieren wir also immer gegen eine Idee, schlimmstenfalls gegen eine Verhaltensweise oder eine Meinung einer Person. Aber nie gegen den Menschen an sich. Glauben wir an das Gute in ihm.

Damit wissen wir, wo wir hinwollen: Wir wollen an der Gesellschaft mitarbeiten, indem wir uns erkennbar für die Demokratie einsetzen und ihren Sexyness-Nachteil ausgleichen. Dabei wollen wir nicht gegen das Böse kämpfen, sondern für gemeinsame Lösungen werben. Wie wir im nächsten Kapitel sehen, erschwert uns unsere undurchsichtige Welt aber die Umsetzung dieser Ziele. Oft erkennen wir nur schwer, wie in ihrem Sinne handeln. Oft verbreiten wir schlechte Menschenbilder, ohne es zu merken. Glücklicherweise kann die Gesellschaft auch dieses Problem lösen.

Die Wahrheit finden wir
nur gemeinsam
. . . .

Im Jahr 2015 schreibt Beatrix von Storch bei Facebook ein einzelnes Wort, das viele schockiert, aber an Hobbes erinnert: In einer Zeit, in der Hunderttausende Menschen aus Afrika und dem Nahen Osten über den Balkan Richtung Deutschland flüchten, wohl alle ohne Visa, will die damalige AfD-Fraktionsvorsitze illegal Einreisende mit allen Mitteln an der Grenze stoppen. Notfalls mit Waffengewalt. Ein Facebook-Nutzer fragt, ob sie auf Frauen und Kinder schießen wolle. Storch antwortet: „Ja."

Storchs Forderung ergibt Sinn, wenn man die Flüchtlingsfrage als Untergangsszenario denkt. Dieses Szenario klingt in etwa so: „Deutschland, der Inbegriff des Guten, weil es Goethe und Schiller hervorbrachte, steht vor dem Untergang. Minderwertige Restweltler tragen den Verfall in unser Land. Kollabiert Deutschland, kollabiert die Welt. Also müssen wir die Eindringlinge aufhalten. Koste es, was es wolle." Schüsse auf Frauen und Kinder gelten als die vermeintlich nötigen Übel, vor denen uns Hobbes' Beispiel warnt.

Natürlich ist dieses Szenario frei erfunden. Es ignoriert, dass die heute von Krieg, Diktatur und Klimawandel geplagten Länder dieser Flüchtenden oft schon Mathematik und Astronomie vorantrieben, als sich in Wäldern lebende Germanen noch die Köpfe einschlugen. Die Menschheit entwickelt sich als Ganzes. Kein Teil ist besser als der andere. „Hier liegt die Wiege der Zivilisation"-Märchen bleiben Märchen. Aber sie *wirken* schlüssig. Machthungrige Politiker erzählen sie daher gern.

Locke schützt uns vor solchen Märchen. Denken wir wie Locke und sehen alle Menschen als grundsätzlich gut, fürchten wir uns nicht vor Flüchtenden. Wir befürworten ein effektives Asylrecht: Aufenthalt beantragen, einheitliche Regeln für alle, unabhängige Entscheider. Abgelehnte werden abgeschoben. Wir diskutieren, wie wir diese Regeln gestalten. Aber wir vermeiden Gewalt. Wir denken in Rechten. Forderungen, Flüchtende mit Waffengewalt aufzuhalten, weil darunter Mörder sein könnten, verurteilen wir als ähnlich absurd wie die Idee, alle deutschen Babys zu töten, weil unter ihnen Mörder sein könnten. Der Glaube an grundsätzlich gute Menschen nimmt populistischen Feindbildern ihre Wucht.

Der Glaube an grundsätzlich gute Menschen nimmt auch moralischer Empörung ihre Kraft. Wer andere zwingen will, Wörter zu meiden, oder Vorlesungen sprengt, auf der missliebige Dozenten sprechen, opfert den Krieg um eine Schlacht zu gewinnen. Eher Robespierre und Hobbes als Locke.

Leider verhält sich unsere Gesellschaft immer mehr wie Robespierre und Hobbes. Als nach Corona-Pandemie, Ukrainekrieg und Energiepreis-Schock im Jahr 2024 die Wirtschaft strauchelt und die Ertüchtigung der Bundeswehr Milliarden verschlingt, schieben die Deutschen viel Schuld auf die ehemalige Bundeskanzlerin Angela Merkel (CDU). In ihrer Amtszeit von 2005 bis 2021 habe sie Probleme ausgesessen, bis diese durch mehrere Krisen hintereinander in voller Wucht über das Land hereinbrachen. „Die Chefin ist schuld" mag als bequeme Ausrede dienen. Doch es führt genauso ins Leere wie die Behauptung, Arnold Schwarzenegger trage die Verantwortung für die Hinrichtung von Tookie Williams.

Im Jahr 2011 warnte ein Berater der Bundesregierung in einem Seminar unmissverständlich vor der Gefahr durch Russland. Putin predige Krieg. Putin probe Krieg. Irgendwann entfessele er ihn. Zuerst in der Ukraine, dann darüber hinaus. Deutschland müsse aufwachen und aufrüsten. Die anderen Teilnehmer und ich belohnten die Warnung mit Unverständnis. „Kann ich mir nicht vorstellen." „Der Typ hasst Russland." „Putin ist doch nicht dumm." Meinungen, die damals die überwältigende Mehrheit Deutschlands teilte.

Hätte Merkel diesem Meinungsbild eine Inflation und einen Sparhaushalt aufgedrückt, indem sie auf russisches Gas verzichtet und die Bundeswehr aufrüstet, die Wähler hätten sie aus dem Amt gejagt. Ihre Nachfolger hätten die Entscheidungen zurückgedreht. In einer Demokratie macht niemand lange Politik gegen die Stimmung der Mehrheit. Zu den Aufgaben eines Bundeskanzlers zählt zwar auch, Mehrheiten für entscheidende Projekte beschaffen. Doch gerade bei wichtigen Projekten fehlte dafür lange die Grundlage.

Vor allem, weil sich unsere Gesellschaftskultur in dieser Zeit bereits zersetzte. Während Deutschland auf eine Energiekrise zusteuerte, seine Infrastruktur zerfiel, die Rente unbezahlbar wurde und die Bundeswehr veraltete, flutete eine laute Minderheit die öffentliche Agenda mit Unsinnsthemen.

Euro-Aus, EU-Aus, Flüchtlinge raus, Corona-Diktatur, Lügenpresse. Debatten über Straßenkleber statt Klimaschutz. Weil sich Deutschland seit über einem Jahrzehnt von Populisten und Moralisten vorgeben lässt, worüber es diskutiert, schlittert es ungewollt in Krisen. Wir erleben derzeit den Vorgeschmack auf das, was uns droht, wenn wir uns Unsinnsthemen aufzwingen lassen. Schlechtere Gesellschaftskultur, mehr Probleme. Je schneller wir sinnlose Debatten durch sinnvolle ersetzen, umso besser entwickelt sich unser Land.

Damit gelangen wir zum nächsten Dilemma: Die meisten Menschen würden durchaus zustimmen, dass wir im Sinne eines guten Menschenbild handeln und Unsinnsthemen vermeiden sollen. Unsere komplizierte Welt, die Propaganda von Populisten und ausländischen Trollen und die verängstigende Aufgeregtheit von Moralisten erschweren es uns aber, die richtigen Themen und Lösungen zu finden. Wir brauchen also einen Weg, alles, was wir bisher gesagt haben, besser anwendbar zu machen. Wir brauchen ein System, das Hoffnungen und gute Menschenbilder in tatsächlichen Handlungen übersetzt. Wie jemand, der die Schokolade im Keller lagert statt gut sichtbar auf dem Küchentisch, brauchen wir eine Taktik, die unsere Gesellschaft dahin bringt, wo sie tatsächlich hinwill. Wie wir das schaffen, erklärt unter anderem Taylor Swift.

Niemand findet die Wahrheit allein

Machen wir ein Gedankenexperiment: An einem grauen Februardonnerstag verprügelt ein Muskelprotz einen Schwächling. Ein Dritter geht dazwischen. Handelt der Dritte richtig? Ich tippe, sie antworten „Ja". Stimmen wir deutschlandweit ab, erhält der Dazwischengeher einen Preis für Zivilcourage. Diesen Preis verleihen wir auch Dazwischengehern, die Vergewaltigungen verhindern, Morde und Raubüberfälle. Stehen neben diesen Dazwischengehern teilnahmslose Wegschauer, reagieren wir entsetzt. Wer Gewalt, Vergewaltigung und Mord mit „Mir doch egal" geschehen lässt, beweist Unmenschlichkeit.

Nehmen wir nun an, diese Szenen geschehen statt an irgendeinem grauen Februardonnerstag am Donnerstag, 24. Februar 2022. Nehmen wir an, sie geschehen im Grenzgebiet der Ukraine zu Russland und hundertfach statt einzeln. Manche fordern nun eine noch unmenschlichere Form der Teilnahmslosigkeit, die sie „Neutralität" nennen, statt „Mir doch egal". Die Folgen bleiben gleich: Wir lassen Unrecht geschehen.

In diesen Fällen können wir nicht vollständig neutral bleiben. Sich raushalten heißt Partei ergreifen. Neutralität gegenüber dem Verhalten der einen bedeutet Gleichgültigkeit gegenüber dem Leid der anderen.

Das Beispiel zeigt: So klar richtiges Verhalten im Alltag oft auf uns wirkt, unsere verworrene Welt erschwert uns die Suche nach eindeutigen Entscheidungen im Sinne von Hoffnung und gutem Menschenbild. Politische Themen überlagern Schichten um Schichten oft widersprüchlicher Sichtweisen. Diese Widersprüche müssen wir sinnvoll abwägen. Wann hilft Krieg, Menschenrechtsverletzungen zu verhindern?

Wie gut wir diese Entscheidungen treffen, bestimmt unsere Zukunft. Es ist wie beim Fußball: Die Fähigkeit, einen Ball zu fangen, zählt zu den Grundfähigkeiten eines Torhüters. Ob ein Torhüter seiner Mannschaft hilft oder schadet, hängt aber davon ab, wie er schwierigere Herausforderungen meistert: schnell reagieren, das Spiel aufbauen. Für Staaten bilden leichte Entscheidungen im Sinne eines guten Menschenbilds – Menschenrechte sichern, Eigentum schützen – ebenfalls nur Grundvoraussetzungen. Ob ein Land langfristig Wohlstand und Sicherheit schafft oder Armut und Chaos, hängt davon ab, wie es schwierige Herausforderungen meistert, bei denen es mehrere Dinge abwägen muss.

Populisten und Moralisten scheitern an dieser Stelle. Wie verhalten wir uns im Ukrainekrieg? „Neutral bleiben!" Wie verhindern wir Benachteiligungen von Minderheiten? „Diese Straße umbenennen!" Wer undurchsichtigen Problemen Scheinlösungen entgegensetzt, bewirkt nichts.

Nehmen wir beispielsweise an, wir befürworten Gleichheit als gerecht. Weil derzeit einige Leute mehr besitzen als anderen, machen wir alle Menschen weltweit gleich: Keine Milliardäre mehr. Zum Tagesende hat jeder genau 10.000 Euro auf dem Konto. Morgen schreibt einer dieser Menschen, nennen wir sie Taylor Swift, einige Lieder. Vielen Menschen gefallen diese Lieder. Sie kaufen Taylors Alben und überbieten sich für Konzert-Tickets. Einige Jahre nach der großen Gleichmacherei ist Taylor Milliardärin. Die Ungleichheit ist zurück.

Wir stehen vor einem Dilemma: Wir wollen Gleichheit fördern. Und wir wollen Menschen im Rahmen der Gesetze frei handeln lassen. Die Ungleichheit entstand aber durch freiwillige, legale Schritte. Was nun? Machen wir wieder alle gleich, berauben wir Menschen der Früchte gerechter Arbeit. Tun wir es nicht, erlauben wir Ungleichheit. Widersprechen sich erstrebenswerte Ziele, müssen wir mindestens eines verletzen.

Im Idealfall verletzten wir beide. Wir suchen den Idealpunkt, an dem wir möglichst viel von den Vorteilen beider Ziele genießen, aber ihre Nachteile einschränken. Eine solche Suche nach dem Idealpunkt ist die soziale Marktwirtschaft: Wir lassen den Menschen große Teile ihres Erfolges, damit sie weiter Unternehmen gründen, Neues entwickeln und Lieder schreiben. Wir nehmen ihnen aber einen Teil durch Steuern weg, um Schulen, Straßen und Sozialsysteme zu bezahlen. Auf diese Weise verbinden wir gesellschaftlichen Nutzen mit persönlichem Antrieb. Alle gewinnen.

Wie wir widersprüchliche Ziele bestmöglich vereinen, weiß niemand sicher. In einer sich schnell wandelnden Welt treffen wir den Idealpunkt nie genau, weil er sich ständig bewegt. Es bleibt immer die Möglichkeit, durch mehr oder weniger Umverteilung die Lage zu verbessern. Wir wissen nur: Am schlechtesten vereinen wir die Ziele, indem wir uns auf eines der Extreme festlegen. Machen wir Gesellschaften ständig gleich, schafft niemand Neues. Lassen wir Taylor ihr gesamtes Vermögen, fehlt uns das Geld für Gerichte, Polizei und Universitäten. In beiden Fällen verlieren alle.

Jede Gesellschaft muss Tausende solcher Abwägungen treffen. Härtere Strafen oder bessere Resozialisierung, mehr

Auto oder mehr Bahn, mehr Wohnraum oder weniger Flächenfraß. Immer verringern sinnvolle Kompromisse die Probleme der Extreme und mehren die Vorteile.

Populisten und Moralisten erschweren uns Abwägungen, indem sie unübersichtlichen Situationen einfache Antworten entgegensetzen. Sie überbetonen die Vorteile eines Extrems und verheimlichen die Vorteile der Gegenseite: „Gleichheit ist gut, also machen wir alle Menschen gleich!" Oder: „Steuern sind Diebstahl, also besteuern wir niemanden!"

Dieser Ansatz entspricht unserer genetischen Programmierung. Hunger? Essen. Gefahr? Fliehen. Die Evolution hat uns auf entschiedenes Handeln vorbereitet, nicht auf langes Abwägen. So eindeutig die meisten von uns Forderungen nach Demokratie, Hoffnung und einem guten Menschenbild unterstützen, so vieldeutig überfordert uns seine Umsetzung.

Wir brauchen also einen Trick, mit dem wir widersprüchliche Ziele als Gesellschaft sinnvoll vereinen. Ohne diesen Trick hält bald ein Teil der Menschen ein Extrem für die eindeutig richtige Lösung und ein Teil das andere Extrem. So wie wir es derzeit mit Moralisten und Populisten erleben.

Wie Torhüter meistern wir Schwieriges mit guter Technik. Wir können als Gesellschaft lernen, wichtige Themen von Erfindungen zu trennen und hilfreiche Ansätze von Scheinlösungen. Wir können lernen, schwere Herausforderungen im Sinne eines guten Menschenbilds zu lösen. Wie wir gleich sehen werden, können wir es sogar nur als Gesellschaft lernen. Den ersten Schritt dazu gehen wir, indem wir die wichtigsten Tricks vermeiden, die uns negative Menschenbilder einreden sollen.

Was Sie tun können: Negativ-Tricks auskontern

Am 23. Mai 1618 stürzen evangelische Adlige in Prag die Statthalter des katholischen Kaisers aus dem Fenster, entzünden damit das Pulverfass der Religionsstreitigkeiten in Europa und lösen das jahrzehntelange Schlachten aus, das wir heute als Dreißigjährigen Krieg kennen. Am 14. April 1865 erschießt Schauspieler John Wilkes Booth US-Präsident Abraham Lincoln, weil der die Sklaverei verbot. Am 4. August 1944 zerrt die Ordnungspolizei die Familie Frank aus dem Hinterhaus in der Amsterdamer Prinsengracht 263, wo sich diese vor den Nazis versteckt. Die heute für ihr Tagebuch weltberühmte Anne Frank stirbt ausgehungert und von Krankheiten aufgezehrt kurz vor dem Zusammenbruch des Naziregimes in einem Konzentrationslager.

Im Jahr 2023 registriert die Polizei etwas mehr Verbrechen in Deutschland als im Vorjahr, obwohl in Gesamtdeutschland weit weniger schwere Verbrechen wie Mord und Totschlag geschehen als in den 1980er Jahre allein in Westdeutschland. Weil auch die Gewalt unter Menschen mit Migrationshintergrund zunahm, schreibt Welt-Chefredakteur Ulf Poschardt, die Migrationspolitik habe „Deutschland und Europa gespalten wie nie". Ach ja? Gespaltener als 1618 und 1944? Auch gespaltener als die USA im Jahr 1865? „So schlimm wie noch nie"-Aussagen verkaufen sich. Sie haben dennoch wenig mit der Realität zu tun.

Die Alles-wird-immer-schlimmer-Verzerrung haben wir bereits angesprochen. Bislang haben wir uns vor allem darauf konzentriert, wie Populisten und Moralisten sie verschlimmern und ausnutzen. Nun fügen wir hinzu: Auch Demokraten rutschen leicht ins gleiche Muster. Auch sie behaupten oft, so schlimm sei es noch nie gewesen, obwohl selbst kurze Überlegungen viele schlimmere Beispiele finden.

Einige suchen die Ursachen für diese und ähnliche Fehleinschätzungen in den spätestens durch Soziale Medien allgegenwärtigen schlechten Nachrichten. Noch nie geschah so wenig Schlechtes auf der Welt – noch nie prasselten so viele schlechte Nachrichten auf uns ein. Wir sehen ständig die schlimmsten Probleme unseres Planeten, ohne Einordnung über ihre Häufigkeit. Dieses Missverhältnis verzerrt unsere Wahrnehmung, keine Frage.

Das Grundübel liegt aber tiefer: Wie wir alle nach einem normalen Arbeitstag voller guter Gespräche manchmal über die eine Unterhaltung grübeln, in der wir gerne freundlicher gewesen wären, pickt unser Gehirn unter vielen guten Nachrichten die eine schlechte, möglicherweise gefährliche heraus.

Wieder ist die Evolution schuld. Unsere Vorfahren überlebten eher, wenn sie sich um jede Bedrohung sorgten, als wenn sie diese ausblendeten. Die natürliche Auslese hat uns auf das Gefahrensuchen programmiert. Unsere Vorfahren lebten aber in kleinen Gruppen und kannten nur die Bedrohungen ihres direkten Umfelds. Heute kennen wir die Probleme einer Acht-Milliarden-Menschen-Welt. Das bringt viele Vorteile, denn wir erkennen Probleme früher. Selbst eine ausgewogene Berichterstattung liefert uns aber genügend Anlässe, uns zu sorgen. Acht Milliarden Menschen begehen viele Dummheiten.

Auch in Gesprächen steuern unsere Gehirne Richtung Negativität. Wer Aufmerksamkeit will, erzählt Schlechtes.

Sprechen Sie mal über Erfolge im Kampf gegen den Klimawandel und schauen Sie, wie viele Leute auf das Thema einsteigen. Am nächsten Tag reden Sie über die Gefahr durch Menschen, die die Erfolge im Kampf gegen den Klimawandel übersehen. Gleiche Botschaft, nur negativer. Ich wette, dieses Mal entsteht eine Debatte, wo sie am Vortag Schweigen ernteten.

Menschen bleiben, wie sie sind. Schlechte Nachrichten auch. Wenn 1.000 Firmen weltweit Plattformen für Soziale Medien entwickeln, setzt sich die durch, die unsere Ängste am besten ausnutzt. Wir müssen also lernen, mit schlechten Nachrichten umzugehen. Der erste Schritt besteht darin, die typischsten Verzerrungen der Schlechte-Welt-Erzählung zu erkennen:

1. „Früher war alles besser"

Wir erinnern uns bestenfalls an ein oder zwei Gefühle in Verbindung mit vergangenen Ereignissen, nie an alle. In der Gegenwart fühlen wir alle Sorgen. Das verzerrt Rückblenden.

Wir sehen die 1950er Jahre weitgehend als Sorglos-Zeit mit coolen Autos und Rock 'n' Roll. Könnten wir die Panik spüren, die Menschen damals Atomschutzbunker in ihre Gärten bauen ließ, sähen wir das Jahrzehnt kritischer. Die Welt hatte gerade zwei Weltkriege überstanden. Der Gedanke an einen nuklearen dritten ließ viele Leute kaum schlafen. Heute haben wir ihn vergessen. Dadurch wirken die 1950er im Vergleich zu heute sorgloser, als sie waren.

Gleiches gilt für die 2000er (Terror-Panik) und 2010er (Flüchtlinge und Trump). Immer sehen wir unsere jetzige Zeit als schlimmste von allen. Einige Jahre später, wenn alles doch irgendwie gut ausging, vergessen wir die Sorgen und verklären sie zur guten alten Vergangenheit. Fallen wir nicht auf die herein, die uns mit dieser Verzerrung die Welt schlechtreden.

2. „Dumme, faule Jugend"

„Die Jugend achtet das Alter nicht mehr, zeigt bewusst ein ungepflegtes Aussehen, sinnt auf Umsturz, zeigt keine Lernbereitschaft und ist ablehnend gegen übernommene Werte", schreiben die Sumerer vor 5.000 Jahren auf eine Tontafel. Populisten wollen uns heute fast wortgleich die Welt schlechtreden. Die Jugend sei dumm, faul, unmoralisch. Wir treffen bessere Entscheidungen, wenn wir diese Erzählungen ausblenden.

So wie wir uns nicht vorstellen können, wie wir die Welt sahen, bevor wir lesen und schreiben lernten, können wir uns auch nicht mehr vorstellen, wie wir die Welt sahen, als wir noch nicht unsere heutige Lebenserfahrung gesammelt hatten. Deswegen denken wir schnell, wir hätten uns mit 16 oder 26 Jahren schon ähnlich erwachsen verhalten wie heute. Haben wir nicht. Die gleichen Laster der Jugend, die wir heute in jungen Menschen sehen, erkannten Erwachsene früher in uns. Wer die Jugend kritisiert, hat das meist vergessen.

Haben wir einige Jahrzehnte Vorsprung auf andere, sollten wir moralisch und charakterlich weiterentwickelt sein.

Hätten wir ein besseres Gefühl für unsere Mängel im gleichen Alter, blieben wir entspannter. Die Jugend packt das.

3.   „Dann heiraten wir bald auch Tiere"

Als Frankreichs Staatschef, Präsident François Hollande, im Jahr 2012 gleichgeschlechtlichen Paaren die Rechte auf Ehe und Adoption einräumen will, wollen Gegner der Idee das Vorhaben durch Überspitzung absurd reden: Bald erlaube die Politik auch Inzest und Pädophilie, meint ein Bürgermeister. Der nächste Schritt sei die Polygamie, glaubte die rechtsextreme Marine Le Pen. „Und warum keine Heirat mit Tieren?", fragte eine Bürgermeisterin. Solche Sätze kennen wir auch aus Deutschland.

Diese Dammbruch-Argumente behaupten, die Logik einer Entscheidung erzwinge unweigerlich eine Kette weiterer Entscheidungen, die niemand wollen könne. Der erste Schritt bricht den Damm. Dann überflutet uns ein Strom an Gefahren. Diesen angeblich unweigerlichen Zusammenhang begründen die Vertreter solcher Argumente aber nicht. Schwulenehe? Bald heiraten wir Tiere! Heizungsvorschriften? Sozialismus! Die tausenden Schritte zwischen der ersten Entscheidung und ihrer vermeintlichen Folgerung blenden sie aus. Wir müssen keinen dieser Schritte gehen. Lassen wir uns keinen Unsinn einreden!

4. „Wir leben in einer Diktatur"

„Leben wir in einem freien Land?", fragt ein rechtsextremer Bürgermeisterkandidat aus Thüringen bedeutungsschwanger in seinem Buch. Die offensichtliche Antwort – „Ja!" – ignoriert er, weil seine Vorstellung von Freiheit Unmögliches fordert.

Wie Locke zeigt, begrenzen Gesellschaften notwendigerweise die Freiheit ihrer Mitglieder. Erlauben wir einem Mitglied, zu stehlen und zu morden, schenken wir ihm zwar mehr Freiheit. Dafür verlieren alle anderen die Freiheit, angstfrei zu leben, über ihr Eigentum zu verfügen und ihre Lebensentwürfe voranzutreiben. Verbieten wir das Stehlen und Morden, leben wir also freier, als wenn wir es erlauben. Meine Freiheit endet dort, wo sie die Freiheit anderer einschränkt – und umgekehrt.

Verändert sich die Welt, müssen wir diese Spannung zwischen Regeln und Freiheiten neu aushandeln. Begrenzen neue Regeln unsere Freiheit dann mehr als früher, fühlen wir uns eingeschränkt. Wir übersehen schnell, wie viele Regeln uns bereits einschränken – und wie stark wir davon profitieren.

Populisten behaupten, wir könnten allen mehr Freiheit schenken, und blenden die Nachteile dieser Entscheidungen aus. Keine Gesellschaft schenkt ihren Mitgliedern völlige Freiheit. Das kann sie gar nicht. Unsere Gesellschaft garantiert dafür Freiheiten und Sicherheiten, von denen Milliarden Menschen weltweit träumen.

Die wichtigste Lektion, die wir für unseren Beitrag zur Gesellschaftskultur aus dieser Liste ziehen können, lautet: Ruhe bewahren. Populisten und Moralisten nutzen Sprachtricks, um Lapidares zu Weltenscheidendem aufzubauschen. Geschrei schafft Unsachlichkeit. Je ruhiger und sachlicher wir als Gesellschaft miteinander umgehen, umso besser lösen wir Probleme und umso besser leben wir in einigen Jahren.

In fünf Minuten: Ruhe bewahren

- *Schnelle Nachrichten durch Analysen ersetzen:* Wir verstehen die Welt genauer, wenn wir die großen Gefühle und die Hektik neuer Nachrichten durch die Ruhe gut recherchierter Einordnungen abfedern. Wir brauchen meist keine Dauerbeschallung. Wir brauchen vor allem wichtigen Informationen, die uns Aktuelles in langfristigen Entwicklungen einordnen lassen.
- *Gegenbeweise suchen:* Beschäftigen wir uns mit Dingen, die unserer Meinung widersprechen, und durchdenken wir andere Sichtweisen! Erst wenn wir Argumente gegen unsere Überzeugungen so gut vorbringen können wie Menschen mit anderen Überzeugungen, sie aber immer noch ablehnen, verstehen wir die Debatte wirklich. Wer andere versteht, muss sie nicht länger bekämpfen.

Fanatiker ruinieren uns

Am 19. Juli 1988 tut Bruce Springsteen, wofür ihm Deutschland nie genug dankt: Er reißt im Alleingang die Berliner Mauer ein.

Die Geschichte dieser Heldentat beginnt einige Jahre zuvor. Lange erleben Musikfans im Osten Weltstar-Auftritte nur, wenn sie diese in Grenznähe zu West-Berlin mitfeiern. Um sich weltoffen zu zeigen, holt die DDR-Führung im Jahr 1988 ehemals untersagte West-Rocker auf sozialistische Bühnen: Depeche Mode, Joe Cocker, James Brown. Springsteen übertrifft alle.

Zum Auftritt „des Boss'" auf der Radrennbahn Weißensee pilgert jeder zwanzigste erwachsene DDR-Bürger. Hunderttausende trampen ohne Karte nach Berlin, verursachen den größten Verkehrsstau der DDR-Geschichte und drängen an überforderten Ordnern vorbei auf das überfüllte Gelände. Als Springsteen die Bühne betritt, stehen rund eine halbe Million Fans vor ihm, aus Platznot auf Bäume und Zäune geklettert, US-Fahnen schwenkend und Lieder von Freiheit singend. Die Ordner erstarren.

Nach einer Stunde liest Springsteen von einem Zettel auf Deutsch eine Botschaft ab: „Es ist gut, in Ost-Berlin zu sein. Ich bin hier nicht für oder gegen irgendeine Regierung. Ich bin gekommen, um für euch Rock'n'Roll zu spielen, für euch Ost-Berliner, in der Hoffnung, dass eines Tages alle Barrieren umgerissen werden." Dann spielt er Bob Dylans *Chimes of Freedom*.

Die Fans verstehen: „Der Boss" hält die DDR-Führung für ein Unrechtsregime. Diese Botschaft tragen sie auch ins Bewusstsein der Millionen Fernsehzuschauer, denen das Regime die Sätze aus der zeitversetzten Übertragung schneidet.

Als Springsteen nach vier Stunden von der Bühne geht, hat er der DDR die überzeugendste Werbung für amerikanische Werte vorgelebt, die das Land je erlebt: Arbeitsmoral, Menschenliebe, Bodenständigkeit. Patriotismus, der Chancen für alle fordert. Springsteen verkörpert jenen Teil der US-Gesellschaftskultur, der Länder zu Großem treibt.

Die Menschen der DDR treibt er auf die Straßen. Angetrieben von der Begeisterung für eine Welt, die nie perfekt sein wird, in der aber jeder das Recht besitzt, sie besser zu machen und das eigene Glück zu suchen, fordern sie freie Wahlen, freie Meinungen, freie Presse. Während sie in Montagsdemos gegen die Regierung aufbegehren, am 9. November 1989 auf die Mauer klettern und danach nach Westdeutschland reisen, singen sie Springsteen-Songs. „Der Boss" schenkte ihnen die Worte, ihr Herz zu verstehen. Ohne ihn hätte es die friedliche Revolution nie gegeben.

Ich hoffe, dieser Bericht des Springsteens-Konzert erscheint Ihnen einseitig. Ich bin selbst Springsteen-Fan. Ich *will* glauben, „der Boss" habe die Mauer eingerissen. Ich weiß aber, dass er es in Wahrheit nicht hat.

Lassen Sie mich erklären: Die Fakten meiner Geschichte stimmen. Die DDR-Bürger pilgerten zu Hunderttausenden nach Berlin. Springsteen sagte den Barrieren-Satz. Mehrere

Historiker und Journalisten schreiben Springsteen einen Teilverdienst am Ende der DDR zu. Im Alleingang eingerissen hat er die Mauer aber keinesfalls.

Hätten die unfähige Führung und die unüberwindbaren Mängel des Sozialismus die DDR-Bürger nicht frustriert, wären diese nach dem Konzert so zufrieden in ihre Betten geklettert wie die Fans nach allen revolutionslosen Springsteen-Shows. Hätten nicht Hunderttausende Mutige Montagsdemos organisiert und wären nicht Millionen genauso Mutige zu ihnen gekommen, wäre der Funke des Auftritts verglüht.

Denkt mein Gehirn wie das eines Wissenschaftlers – Annahmen hinterfragen, Beweise verlangen, Gegenmeinungen durchdenken –, erkennt es, dass „der Boss" nur einen geringen Beitrag zum Ende der DDR leistete. Im Fan-Modus erklärt mein Gehirn Springsteen zum alleinigen Mauerstürzer. Es legt Fakten wohlwollend aus und redet Gegenargumente klein, solange es kann.

Obwohl ich die Welt im Wissenschaftsmodus besser verstehe, denke ich oft wie ein Fan. Jedes Jahr im September glaube ich, die Minnesota Vikings gewinnen in dieser NFL-Saison den Superbowl. Alle zwei Jahre im Sommer halte ich die Deutsche Fußball-Nationalmannschaft für den Topfavoriten bei EM oder WM. Bewerben sich Freunde oder Familienmitglieder für einen Job, sehe ich sie als ideale Kandidaten. Heiratet ein Freund, halte ich das Paar für die ideale Liebe.

Wir alle denken meist im Fan-Modus. Wir glauben, was wir glauben wollen, statt Argumente abzuwägen. Oft ersinnen wir nachträglich Rechtfertigungen, um zu verteidigen, was wir ohnehin schon glauben. Wir akzeptieren eindeutige

Widerlegungen – Vorrunden-Aus der Nationalelf, Scheidung des Freundes. Aber wir suchen nicht aktiv Gegenargumente. Dieses Wunschdenken bildet das erste Kennzeichen des Fan-Denkens.

Das zweite Kennzeichen bildet der Wunsch nach Gerechtigkeit. Fans wollen ihr Team siegen sehen. Aber es soll gerecht siegen. Unsere Freunde sollen Traumjobs und Traumpartner ergattern, weil sie sie verdienen.

Auch in der Politik denken wir oft wie Fans. Unsere Lieblingspartei soll gewinnen, unsere Gruppe sich als beste aller Gruppen erweisen und unsere Überzeugungen sich als Wahrheit durchsetzen. Wir akzeptieren Gegenbeweise. Aber nur widerwillig. Die ergebnisoffene Unvoreingenommenheit des Wissenschaftlers werfen wir aus dem Fenster.

Idealerweise denken wir auch bei politischen Themen wie Wissenschaftler. Wir suchen ehrlich die Wahrheit, bleiben offen für bessere Ideen und prüfen Annahmen, bevor wir sie glauben. Dass wir das nicht tun, ist schade, aber keine Katastrophe. Denn wir müssen die Antworten nicht allein finden. Der Erfolg unserer Gesellschaft hängt vor allem daran, dass wir zumindest wie Fans denken. Denn wir können noch in zwei anderen Modi denken.

Tim Urban teilt unser Denken in seinem Buch *What's Our Problem?* („Was ist unser Problem?") in vier Stufen ein: Denken wir wie Wissenschaftler, stehen wir auf der höchsten Stufe. Denken wir wie Fans, auf der zweithöchsten. Darunter folgen Anwälte und Fanatiker.

Anwälte vereinen, ähnlich wie Fans, die Suche nach Wahrheit mit dem Wunsch nach einem bestimmten Ergebnis.

Der Unterschied besteht darin, welchen Teil sie stärker gewichten. Der Zweck heiligt für Fans nicht die Mittel. Für Anwälte schon: Besteht ihr Klient auf seiner Unschuld, tun sie alles für einen Freispruch. Sie ordnen die Wahrheit einem Ziel unter.

Anwälte handeln, wie sie handeln, weil sie im Gerichtssaal nur eine Seite vertreten. Der Staatsanwalt vertritt die Gegenseite, der Richter entscheidet wie ein Wissenschaftler. Perfekt. Denken wir aber außerhalb eines Prozesses wie Anwälte, denken wir mangels Staatsanwälten und Richtern einseitig. Wir sortieren Beweise, bis wir glauben, was wir glauben wollen. Wir verbreiten Fragwürdiges, solange wir uns dabei klug fühlen. Nichts bringt uns dazu, unsere Meinung zu hinterfragen.

Fanatiker gehen noch einen Schritt weiter. Sie denken über Ideen nach wie die meisten Eltern über ihre Babys. Sagt der Nachbar, ihr Kind sei süß, glauben sie ihm. Sagt der Nachbar, das Kind sei hässlich, verurteilen sie ihn als schlechten Menschen. Sie bewerten Menschen nach deren Ansichten. Andersdenkende verurteilen sie als böse. Kein Interesse an objektiver Wahrheit, volles Wunschdenken.

Wissenschaftler und Fans meistern Herausforderungen am besten, weil sie falsche Ideen aufgeben können. Langfristig bauen sie ihr Weltbild aus Ideen, die sich als richtig erweisen. Dadurch finden sie sinnvolle Lösungen. Anwälte und Fanatiker lösen Probleme schlechter, weil sie auch an Falschem festhalten.

Jetzt kommt die Gesellschaft ins Spiel. Als Gesellschaft können wir Argumente viel besser gegeneinander abwägen als ein einzelner Mensch. Wir vereinen mehr Erfahrungen, mehr

Talente und mehr Sichtweisen. Dadurch *können* wir bessere Entscheidungen treffen. Wir können uns aber auch größeren Fanatismus einreden als ein Einzelner. Wir können uns ständig gegenseitig in unseren Überzeugungen bestätigen, bis wir alle Gegenargumente ausblenden. Dann treffen wir unvorstellbar schlechte Entscheidungen. Die Gesellschaftskultur bestimmt, welche Option wir wählen.

Tim Urban beschreibt erfolgreiche Gesellschaften als Ideenwerkstatt. Fans und Wissenschaftler sehen sich als Experimentleiter und ihre Ideen als Experimente. Sie verbinden ihr Selbstbild nicht mit diesen Ideen. Sie schätzen unabhängiges Denken, Meinungsvielfalt und Bescheidenheit. Sie weisen einander auf Fehler hin. Wer sagt, „Ich weiß es nicht", gewinnt Vertrauen. Fanatische Überzeugung gilt als Nachteil. Menschen suchen gemeinsam die Wahrheit.

Das Gegenteil einer Ideenwerkstatt ist eine Echokammer. Dort bestätigen Gleichgesinnte immer wieder ihre Meinung. Sie verbinden ihr Selbstbild mit diesen Ideen. Sie verpönen unabhängiges Denken, Meinungsvielfalt und Bescheidenheit. Wer sagt, „Ich weiß es nicht", macht sich lächerlich. Fanatische Überzeugung gilt als Vorteil: Die Wahrheit muss nicht gesucht werden, man besitzt sie ja schon. Menschen halten es für unnötig, ihre Ideen zu testen. Sie wollen Recht behalten.

Je mehr unsere Gesellschaft einer Ideenwerkstatt ähnelt, umso besser entwickelt sie sich. Sie erkennt Probleme, findet gute Lösungen und schafft langfristig Wohlstand und Sicherheit. Sie trennt echte Hoffnung von falscher, handelt selbst bei verworrenen Themen im Sinne eines guten Menschenbilds und vermeidet Unsinnsdebatten. Demokratien schaffen Wohlstand, weil sie diese Art des Denken fördern. Demokratien erziehen Fans und Wissenschaftler.

Je mehr unsere Gesellschaft dagegen einer Echokammer gleicht, umso schlechter entwickelt sie sich. Sie erblindet für gute Ideen. Sie kämpft gegen eingebildete Feinde, verschwendet Energie auf unnötige Streitigkeiten und übersieht tatsächliche Probleme. Sie erzieht Anwälte und Fanatiker.

Jeder von uns entscheidet täglich mit, wie sich unsere Gesellschaft entwickelt. Welches Beispiel leben wir vor? Welche Vorbilder vermitteln wir unseren Kindern? Schätzen wir überlegte Menschen oder Rechthaber? Diese Alltäglichkeiten entscheiden unsere Zukunft.

Nun könnten wir meinen, jeder lebe lieber inmitten bescheidener Denker als rechthaberischer Fanatiker. Wir könnten meinen, Gesellschaften lernten von allein den Weg zur Ideenwerkstatt. Doch so einfach ist es leider nicht.

Mehr Fanatiker, mehr Probleme

Am 8. Februar 2003 sagt der damalige Bundesaußenminister Joschka Fischer auf der Münchner Sicherheitskonferenz Sätze, die Hunderttausende Leben retten könnten, würde ihr Empfänger nicht wie ein Fanatiker denken: „Ich bin nicht überzeugt", ruft Fischer Richtung US-Außenminister Donald Rumsfeld.

Rumsfeld behauptet, der irakische Diktator Saddam Hussein besitze Massenvernichtungswaffen, die er an Terroristen weitergeben wolle. Die Nato müsse ihn entmachten. Ein schneller Krieg mit wenigen Soldaten soll den Diktator durch eine Demokratie ersetzen, die den Geist der Freiheit in den Nahen Osten trägt. Fischer glaubt weder Begründung noch Folgerung. Er fürchtet einen langen, blutigen Konflikt mit unsicherem Nutzen und großen Risiken.

Rumsfeld ignoriert Fischer mit versteinerter Miene. Wenige Wochen später greifen die USA den Irak ohne Kriegserklärung an. Bis 2011 kostet der zweite Irakkrieg mehr als eine halbe Millionen Leben und pro Tag Hunderte Millionen Dollar. Die USA lernen dabei, dass Fischer recht hatte: Diktator Saddam Hussein besaß keine Massenvernichtungswaffen. Er konnte sie gar nicht an Terroristen weitergeben. Die angeblichen Beweise der US-Regierung entpuppen sich als unzuverlässig.

Als die US-Truppen im Dezember 2011 den Irak verlassen, verschärft sich der dort tobende Bürgerkrieg. Die Terror-Miliz Islamischer Staat erobert zeitweise große Teile des Iraks und Syriens. Kalifat statt Demokratie. Rumsfeld und die US-Regierung um George W. Bush machten die Welt mit ihrem Angriff bis heute zu einem gefährlicheren Ort.

Aus heutiger Sicht scheint unglaublich, dass sich die USA auf das Sinnlos-Unterfangen Irakkrieg einließen. 2003 widerspricht nicht nur Fischer der US-Regierung. Inspektoren, die im Irak Massenvernichtungswaffen suchen, finden kurz vor Kriegsbeginn an mehr als 500 verdächtigen Orten keine Belege für deren Bestehen. Weltweit protestieren Hunderttausende gegen einen Angriff. „Der Typ wollte meinen Vater umbringen", witzelt Komiker Dave Chapelle in einem Sketch als George W. Bush verkleidet über Saddam Hussein. „Jetzt hol' ich mir sein Öl."

Experten und Durchschnittsbürger erkennen im Jahr 2003 die offensichtlichen Lücken im US-Versprechen, eine Irak-Invasion tausche einen Massenvernichtungswaffen-Diktator schnell und einfach gegen eine blühende Demokratie. Die mit Geheimdienst-Berichten und Beratern versorgte US-Regierung übersieht sie.

Gemeinsam erklären Fischers und Chapelles Aussagen, wieso. Bushs Vater, George H. W. Bush, führte als US-Präsident von 1990 bis 1991 den ersten Irakkrieg, nachdem Hussein Kuwait überfallen hatte. Bush Senior hätte Bagdad besetzen und den Diktator austauschen können. Aus Angst vor einem Bürgerkrieg entschied er sich dagegen. Sein Sohn und seine zu großen Teilen aus alten Weggefährten des Vaters bestehende Regierung haben 2003 daher noch eine Rechnung mit Hussein offen. Darauf spielt Chapelle an, als er als Bush sagt: „Der Typ wollte meinen Vater umbringen."

Wie viele Fanatiker beginnt die US-Regierung ihre Überlegung mit einer richtigen Annahme: Verdrängt im Irak eine Demokratie einen Massenmörder, gewinnen alle. Okay. Wie alle Fanatiker beantworten Bush und Rumsfeld aber alle weiteren Fragen so, dass sie zur Grundannahme passen: Kann ein Krieg im Irak eine Demokratie schaffen? Wollen die Iraker eine Demokratie? Entstand nach einem Krieg jemals eine Demokratie, wenn die Kriegsgewinner schnell abzogen? Was passiert, wenn die Demokratisierung scheitert? Gefangen in ihrer Echokammer, redet sich die Regierung sichere Massenvernichtungswaffen-Beweise ein und rosarote Demokratisierungsselbstläufer. Auf diese Fehler spielt Fischer an, als er Rumsfeld sagt, er sei nicht überzeugt.

Bush und Rumsfeld tragen die Schuld an diesen Fehlern. Normalerweise bestimmen US-Regierungen bei wichtigen Themen ein Mitglied, das in allen Fragen die Gegenseite vertritt. Sie erzwingen Widerspruch für bessere Entscheidungen. Sie erzwingen eine Ideenwerkstatt. Beim Irakkrieg unterlässt die Bush-Regierung dies. Also übersieht sie die Lücken ihrer Denkweise. Regierungen, die nur mit perfekten Informationen gute Entscheidungen treffen, liegen ständig falsch.

Dass Bush und seine Minister mit diesem Fehler aber durchkommen, bleibt die Schuld der Gesellschaft. Denn die wenigsten Amerikaner erkennen diese Lücken wie Dave Chapelle. Große Teile konservativer Wähler, vom als Nachrichtensender getarnten Propagandakanal *Fox News* zu fanatischem Schwarz-Weiß-Denken verleitet, unterstützen einen Angriff auf den verteufelten Saddam Hussein unhinterfragt: Sie glauben noch Jahre nach Kriegsende, dieser habe Massenvernichtungswaffen besessen. Aber auch zuverlässige Medien unterstützen den Krieg im Vertrauen auf Geheimdienstberichte und Regierungsaussagen. Wieder endet die Suche nach einem Schuldigen mit der Gesellschaft.

Die wichtigste Lektion des Irakkriegs lautet: Je mehr Fanatiker wir erziehen, umso mehr Echokammern schaffen wir. Früher oder später verursachen diese Echokammern Probleme. Im Falle des Irakkriegs kosteten sie Billionen Dollar und

Hunderttausende Leben. Verglichen mit anderen Folgen von Fanatikerdenken ist das sogar ein glimpflicher Ausgang:

- In den Jahren 1958 bis 1961 lässt die chinesische Führung mit ihrer Politik des „Großen Sprungs nach vorn" Dutzende Millionen Menschen verhungern, statt den vom verehrten Staatschef Mao Zedong angestoßenen, desaströsen Wirtschaftsumbau offen zu hinterfragten. Das Regime foltert und ermordet Kritiker, damit die Echokammer eine Echokammer bleibt.
- Die Echokammer um Adolf Hitler nimmt zum Ende des Zweiten Weltkriegs lieber die Zerstörung Deutschlands in Kauf, als sich den offensichtlichen Wahnsinn ihres sogenannten Führers einzugestehen.
- Russland überfällt die Ukraine im Jahr 2022 auch, weil Diktator Wladimir Putin Kritiker aus seiner Umgebung beseitigte und die offensichtlichen Probleme des Krieges unterschätzt.
- Nachdem die Terrororganisation Hamas am 7. Oktober 2023 in Israel über 1.000 Menschen tötet und 250 als Geiseln entführt, überzieht die vom Rechtspopulisten Benjamin Netanjahu geführte Regierung den Gazastreifen, in dem sich die Hamas versteckt, mit einem tödlichen Krieg. Jeder 50. Bewohner des Gazastreifens stirbt innerhalb der ersten zehn Kriegsmonate. Der Konflikt eskaliert, weil die Echokammern um Netanjahu und die Hamas Gewalt mit immer mehr Härte beantworten. Israel schafft neue Terroristen, indem es zivile Opfer in Kauf nimmt. Die Hamas provoziert Gegenschläge, in-

dem sie und ihre Verbündeten Israel beschießen. Beide verstetigen den Konflikt, den sie angeblich beenden wollen.

Kriege, Unterdrückung und viele menschengemachten Katastrophen entstehen durch Echokammern. Wir verhindern politische Katastrophen, indem wir Echokammern auflösen. Dazu brauchen wir politische Systeme, die Entscheidungen hinterfragen, Gegenbeweise begünstigen und erwiesen Falsches als Falsches zur Seite legen. Nur Demokratien tun das einigermaßen zuverlässig – nicht die einzelnen Politiker und Parteien, wohl aber ihre Vielfalt. Populisten tun das Gegenteil: Sie behaupten, größere Wahrheiten zu kennen, verheimlichen Gegenargumente und tischen dem Land immer wieder Erfindungen wie „Corona-Diktatur" und „großen Austausch" auf, um ihre Feindbilder zu rechtfertigen.

Diese Erkenntnis fasst alles bisher Gesagte zusammen: Eine Ideenwerkstatt braucht gleichberechtigte Debatten, in denen sich die besten Argumente durchsetzen, nicht die Mächtigen, nicht die Lautstarken, nicht die Falschinformanten. Sie kann also nur in einer Demokratie entstehen. Funktionierende Demokratien erhalten die Ideenwerkstatt. Darin besteht ihr großer Vorteil. Deswegen lösen sie Probleme besser, deswegen leben ihre Bürger besser.

Demokratien und Ideenwerkstätten gehören zusammen. Suchen Menschen gemeinsam die Wahrheit, schaffen sie automatisch eine Demokratie. Wollen wir uns für die Demokratie einsetzen, müssen wir also als Gesellschaft eine Ideenwerkstatt schaffen. Dann erhalten wir die Demokratie von allein.

Die Ideenwerkstatt ist das Werkzeug, mit dem wir die Demokratie erhalten *und* die Fehler von Robespierre und Hobbes vermeiden. Wer für eine gleichberechtigte Debatte wirbt, kann kein Diktator werden. Wer sich Echokammern widersetzt, kann nicht verlangen, dass alle denken wie er. Setzen wir uns zuallererst für eine Ideenwerkstatt ein statt für unsere politischen Ziele, folgen Demokratie, Wohlstand und Sicherheit von allein.

Was Sie tun können: Ideenwerkstätten schaffen

An einem Tag im Februar erkennt Paul Graham, warum Debatten über Politik und Religion oft eskalieren. Wer Religion in einem Online-Kommentar nur erwähnt, löst sofort Wortgefechte über den Glauben insgesamt aus, schreibt der britische Programmierer und Buchautor in seinem Essay *Keep Your Identity Small* („Halten Sie Ihre Identität klein"). Für Politik gelte das Gleiche. Warum? Warum eskalieren diese Themen, aber nicht Gespräche über Programmiersprachen und Kuchenrezepte?

Die Antwort beginne damit, so Graham, dass sich Menschen nur an Debatten über Programmiersprachen und Kuchenrezepte beteiligen, wenn sie ein Mindestmaß an Wissen besitzen. Ich hätte als Teenager nie meine Oma über Backideen belehrt. Sie wusste es offensichtlich besser. Aber ich habe meine Oma über Politik belehrt. Dabei verstand ich davon ebenso wenig.

Bei politischen Themen vertreten wir oft auch ohne Wissen Meinungen. Es reicht uns, starke Überzeugungen zu fühlen. Selbst bei völliger Ahnungslosigkeit, selbst wenn wir einem Thema gerade erstmals begegnen, brüllen wir allzu schnell vermeintlich Alleserklärendes. Vertreten Experten, die das Thema seit Jahren durchdenken, andere Ansätze, stempeln wir sie als ahnungslos oder korrupt ab.

Politische und religiöse Debatten eskalieren, schreibt Graham, weil wir unseren Glauben an politische und religiöse Ideen mit unserem Selbstbild verweben. Wir werten andere Ideen als Angriff auf uns selbst.

Heute lachen wir über die Deutschen, die sich 1976 über die Einführung der Gurtpflicht ereiferten, und über Herren, die in den 1950ern keine Frauen am Steuer sehen wollten. Ihre hochroten Köpfe verraten, dass sie sich in ihrer Identität gekränkt sahen. Kein politisches Thema erscheint uns als zu unbedeutend, um es nicht mit unserem Selbstbild zu verweben. Dadurch denken wir mehr wie Fanatiker.

Den Weg zu sinnvollen politischen Debatten finden wir, schreibt Graham, indem wir möglichst wenig mit unserer Identität verbinden. Ein guter erster Schritt, finde ich. Ich kann weder CDU noch SPD noch Grüne noch FDP mit meinem Selbstbild verbinden, weil ich kein treuer Parteigänger bin. Ich bin ein Mensch und ein Demokrat. Nicht mehr. Nicht weniger. Dadurch schütze ich mich ein wenig vor Fanatikerdenken.

Alle Themen lösen wir so natürlich nicht. Die meisten Menschen wünschen sich eine politische Identität, wie sie sich eine musikalische Identität („Ich bin ein Rocker") und eine sportliche Identität („Ich bin FC-Bayern-Fan") wünschen. Diesen Wunsch redet ihnen niemand aus. Wollen die Menschen eine politische Identität, müssen wir sie ihnen lassen. Wollen wir, dass diese Identität nicht in einer Gruppenzugehörigkeit liegt, nicht im Links-Sein oder Rechts-Sein und ihrem Vermögensstand, müssen wir ihnen eine Alternative bieten.

Damit erkennen wir den letzten Schritt auf dem Weg zur Ideenwerkstatt: Wir wollen eine verbindende Gesellschaftskultur schaffen. Eine Gesellschaftskultur, die Feindbilder entkräftet und uns zusammen, statt gegeneinander arbeiten lässt. Eine Gesellschaftskultur, die ein positives Menschenbild fördert. Gespräche, die Wahrheit suchen, statt vorgefertigte Überzeugungen durchdrücken. Stehen mit Selbstbildern verbundene Überzeugungen dem im Weg, müssen wir den Menschen ein Tausch-Selbstbild bieten, das diese Gesellschaftskultur fördert. Das tut bislang niemand, weil wir meinen, dazu etwas als unhinterfragbar richtig bewerten zu müssen. Niemand will sagen: „Du sollst nicht an das eine zweifelsfrei Richtige glauben. Hier hast Du das zweifelsfrei richtige Selbstbild dazu." Der Widerspruch wirkt offensichtlich.

Doch der Eindruck trügt. Klar, das Selbstbild für alle darf nicht lauten „Ich bin Sozialdemokrat" oder „Ich bin Liberaler". Das wäre undemokratisch. Aber es gibt eine bessere Lösung. Wir können uns auf den Prozess konzentrieren statt auf das Ergebnis: Wenn wir nicht an das eine zweifelsfrei Richtige glauben wollen, was ist dann das eine zweifelsfrei Richtige? Nicht nach dem einen zweifelsfrei Richtigen zu suchen! Recht hat, wer nicht auf Teufel komm' raus recht haben will. Jeder, der seine Meinung als Baustein auf der großen Suche nach Wahrheit versteht, hat recht. Jeder, der sich mit anderen lieber einigen als sie überstimmen will, hat recht. Jeder, der sein Selbstbild stärker mit Bescheidenheit und Lernfähigkeit verwebt als mit pompöser Allwissenheit, hat recht. Jeder, der zuallererst seinen Beitrag zur Ideenwerkstatt leistet, hat recht. Wen er dann wählt, ob er höhere oder niedrige Steuern fordert, ob er ein Verbrennerverbot verlangt oder ablehnt, liegt bei ihm.

Niemand erkennt alleine die ganze Wahrheit. Dazu begrenzt sich unsere Kenntnis der Welt auf einen zu kleinen Fleck des Ganzen. Auch unsere Bewertungen sind nicht die Bewertungen, die alle treffen würden. Einigen sich aber alle, kommen wir einem guten Ergebnis so nahe wie möglich. Kompromisse und Einigung schaffen gute Ergebnisse. Sie vereinen unser gesamtes Wissen, sie gleichen unterschiedliche Interessen aus. Das Ergebnis übersteigt die Summe seiner Teile.

In der Politik diskutieren wir derzeit vor allem, welche Partei oder welcher Politiker recht hat. Niemand hat allein recht. Die Wahrheit liegt weder in CDU noch SPD, Grünen oder irgendeiner anderen Partei. Welche Bewertungen eine Gesellschaft teilt, zeigt das Wahlergebnis: zehn Prozent die einer Partei, 20 Prozent die einer anderen und 30 Prozent die einer Dritten. Dann sollen sie sich einigen und Kompromisse finden. Gute Lösungen finden wir nur durch Debatten, Widerspruch und den Zwang zur Einigung.

Strukturen, die diese Lösungssuche schützen, bilden abgesehen von Fakten wie Schwerkraft und Klimawandel, die einzigen unumstößlichen Wahrheiten, die wir kennen. Demokratie, Mehrheitsentscheidungen und freie Wahlen, Menschenrechte, freie Medien und unabhängige Richter: Ohne sie finden wir nie die Wahrheit. Deswegen müssen sie Teil jeder guten Lösung sein. Der Prozess ist wichtiger als das Ergebnis. Wer ihn abschaffen will, kann nur falsch liegen. Die Bereitschaft, sich zu einigen, bildet die Voraussetzung, recht haben zu können. Unrecht hat, wer seine Meinung anderen aufzwingen will.

Diese Erkenntnis macht Demokratie sexy: Die meisten Wähler wollen sich für das Richtige einsetzen und das Gute siegen sehen. Demokraten verlangen von ihnen, das Gute und das Richtige nicht mit ihrer Wahlentscheidung oder einem Politiker zu verbinden. Daher fehlt diesen Wählern etwas. Das macht sie empfänglich für Populisten und Moralisten, die behaupten, das Richtige und Gute zweifelsfrei zu kennen. Jetzt erkennen wir: Auch Demokraten können sich für das Richtige und Gute einsetzen, ohne an das *eine* Richtige und Gute zu glauben: indem sie sich auf den Prozess konzentrieren, nicht auf das Ergebnis. Ob ihre Partei am Ende ihr Wahlprogramm durchsetzt oder nicht, ist unwichtiger als die Frage, ob die Partei sich mit anderen Parteien einigen will. Wer Demokraten wählt, hat immer richtig gewählt. Er gewinnt jede Wahl.

Das ist die Botschaft, die Demokraten sexy machen müssen. Dieser Botschaft müssen sie ihre Vorbildfunktion leihen. In allen Bereichen des Lebens. Jeden Tag. Warum wir damit heute anfangen sollten, nicht erst morgen, erklären die gefährlichsten Sekunden der Menschheitsgeschichte.

In fünf Minuten: Das einzig Richtige bewerben

- *Den Fanatiker-Test machen:* Einmal im Monat sollten wir uns bei unseren wichtigsten politischen Überzeugungen fragen: Was könnte uns vom Gegenteil überzeugen? Lautet die Antwort „nichts", haben wir die Schwelle zum Fanatismus überschritten. Dann sollten wir daran arbeiten, uns weniger ernst zu nehmen.
- *Bescheiden bleiben:* Auch wir überschätzen die Reinheit unserer Überzeugungen und die Vorteile unserer politischen Ziele. Erinnern wir uns immer daran, handeln wir automatisch demokratischer. Ich mag Bruce Springsteen, weil er mich daran erinnert, mich nicht zu ernst zu nehmen. Wir alle profitieren von ähnlichen Bescheidenmachern. Das können Bilder sein, die wir in unsere Wohnungen hängen, Bücher, die wir lesen, oder Musik, die wir hören. Hauptsache, wir behalten Bodenhaftung.
- *Uns nicht zu ernst nehmen:* Demokratie und Menschenrechte sind ernst. Der Rest ist eher vernachlässigbar. Lernen wir, darüber zu lachen, wenn die Politik ein überflüssiges Rentengesetz beschließt oder sich mal wieder nicht auf eine Steuerreform einigt. Lernen wir, über uns selbst zu lachen. Schmunzeln wir darüber, wie wir uns von Nebensächlichem davon ablenken lassen, unsere Familien zu lieben und unsere Leben zu genießen. Fällt uns das gerade schwer, finden wir sicher einen politischen Kabarettisten, der uns an diese Seiten unseres Charakters erinnert.
- *Für die Wissenschaft werben:* In einer freien Welt verfolgen Menschen alle möglichen Ziele. Ein Teil erzieht Leute zu

Fanatikern. Verbieten Demokraten diesem Teil den Mund, hören sie auf, Demokraten zu sein. Getreu dem Motto: „Ich verabscheue, was Sie sagen, aber ich würde mein Leben dafür geben, dass Sie es sagen dürfen", bleibt ihnen nur die Option, für wissenschaftliches Denken zu werben. Vermitteln wir unseren Kindern Vorbilder wie Albert Einstein, Richard Feynman und Marie Cure. Lehren wir sie die Bedeutung ausgewogener Medien. Tun wir das nicht, leben wir bald in einer Fanatiker-Gesellschaft.

Jeder Schritt zählt

Am 26. September 1983 rettet der größte Held der Geschichte die Menschheit, indem er tut, was auch wir tun müssen: Er ignoriert falsche Signale. An diesem Montag – der Hamburger SV teilt sich mit dem FC Bayern die Tabellenführung der Fußball-Bundesliga, das dänische Pop-Duo Laid Back fordert im Sommerhit *Sunshine Reggae* „Don't worry, don't hurry, take it easy" – erblickt Stanislav Jewgrafowich Petrow auf seinem Bildschirm den Anfang vom Ende der Menschheit.

Petrow sitzt in der Kommandozentrale des sowjetischen Raketenfrühwarnsystems Oko („Auge") rund 100 Kilometer südwestlich von Moskau. Kurz nach Mitternacht melden ihm Satelliten, die ins Innere der USA spionieren, den Start von fünf Nuklearraketen Richtung Sowjetunion. Gemäß seinen Anweisungen müsste Petrow nun seine Vorgesetzten informieren. Diese befehlen den Gegenschlag. Eine halbe Stunde später stirbt der Großteil der Menschheit unter den Feuerbällen tausender Atomsprengköpfe.

Doch Petrow wartet. Obwohl die USA Nuklearraketen in Europa stationiert haben, obwohl amerikanische Bomber fast täglich bei Scheinangriffen erst kurz vor russischem Luftraum abdrehen und obwohl ein Angriff zur aufgeheizten Lage zwischen den Weltmächten passt, tut Petrow, was er nicht darf: Er hinterfragt die Meldung auf seinem Bildschirm.

Petrow wundert, dass die Amerikaner mit nur fünf Raketen angreifen. Sollten sie nicht ihr gesamtes Arsenal abfeuern, um die Sowjetunion auszuschalten? Warum gehen sie für fünf Raketen das Risiko eines Gegenschlags ein? Sicher als falsch einstufen kann er die Meldung nicht. Der Mini-Angriff könnte eine Verwirrungstaktik sein, um einen Gegenschlag zu vermeiden. Schlägt die Sowjetunion doch zurück, können die USA immer noch ihr gesamtes Arsenal abfeuern.

Petrow weiß, was ihn erwartet, wenn er einen Angriff unterschlägt. Trotzdem wartet er. Zum Glück: Das neue Sowjet-Frühwarnsystem hat Sonnenstrahlen in den Wolken über North Dakota als Raketenstrahlen missverstanden. Es gibt keinen Angriff. Die Sekunden verstreichen. Als die angekündigten Raketen in der Sowjetunion einschlagen müssten, passiert nichts.

An diesem Tag rettet Petrow die Zivilisation. Irgendjemand musste die eigentlich untrennbare Kette zwischen vermeintlicher Attacke und Gegenangriff durchschlagen. Petrow tat dies. Er rettete Milliarden Leben. Auch Ihres und meines. Danke!

Nie stand die Menschheit so nah am Untergang wie in diesen Sekunden: Alle seiner Kollegen hätten die Angriffsmeldung sofort an ihre Vorgesetzten weitergegeben, sagt Petrow später in einem Interview. Die Menschheit hat eine Welt geschaffen, in der ihr Überleben davon abhängt, ob eine zufällige Person unter größtem Druck Befehle ignoriert. Verrückt.

Satelliten und Frühwarnsysteme überwachen weiter die Raketenstarts anderer Länder. Weil sie weiter Fehler machen, weil sie immer mehr automatisieren und weil die Menschen, die ihre Entscheidungen prüfen, womöglich nicht immer so besonnen handeln wie Petrow, besteht jede Sekunde die Gefahr eines Atomkriegs. Solange es Nuklearraketen gibt, schätze ich dessen Wahrscheinlichkeit auf ein Prozent pro Jahr. Rechnen Sie diese Wahrscheinlichkeit in die Zukunft und Sie wissen, wozu sie die Menschheit verurteilt.

Hätten wir vor 1945, vor den ersten Atombomben, Menschen gefragt, ob wir eine Welt mit diesen Wahrscheinlichkeiten schaffen sollen, sie hätten gerufen: „Niemals!" Trotzdem hätte sie es nicht verhindern können. Niemand will das Ergebnis. Aber wir gehen die vielen kleinen Schritte, die dazu führen. Darin liegt die Tragik der Menschheit. Und darin liegt die Gefahr einer von Populismus und Wokeness zerfressenen Gesellschaft.

Wir übersehen große Risiken, weil wir uns für klug genug halten, sie zu vermeiden. Das sind wir auch, wenn uns diese Risiken ins Gesicht starren. Türmen sie sich aber in vielen kleinen Schritten auf, scheitert unsere Klugheit oft. In einer Welt, in der ständig scheinbar aus dem Nichts Gefahren entstehen, brauchen wir Staaten, die diese Gefahren entschärfen. Das können sie nur, wenn sie als Ideenwerkstätten Lösungen suchen, statt in Echokammern Abstruses zu schreien. Weil nur Demokratien Ideenwerkstätten schaffen, brauchen wir funktionierende Demokratien. Nicht Trump, nicht Höcke, nicht Meloni.

Davon drohen wir uns zu entfernen, weil auch Demokratien nicht mit einem großen Knall enden, sondern mit vielen kleinen Schritten. Als im Herbst 2014 in Dresden Tausende Pegida-Anhänger gegen die „Islamisierung des Abendlandes" demonstrieren, reagiert Deutschland schockiert: „Wie können sich so viele Menschen mit Rechtsextremen gemein machen?" Stück für Stück, Eskalation um Eskalation kontrollieren nun, zehn Jahre später, diese Rechtsextremen ostdeutsche Parlamente und bundesweite Debatten. Was im Sommer 2014 unmöglich schien, wirkt alltäglich. Gegendemonstrationen bleiben selten. Wieder halten wir uns für klug genug, die große Gefahr zu vermeiden. Wieder lassen wir die vielen kleinen Schritte zu, die die große Katastrophe schaffen.

Auch der Umkehrschluss dieser Regel gilt: Wollen wir die große Gefahr vermeiden, müssen wir dafür viele kleine Schritte tun. Wir retten die Demokratie nicht mit einer großen Entscheidung, bei der wir einmal für oder gegen den nächsten Diktator stimmen. Wir retten die Demokratie jeden Tag, mit Tausenden kleinen Entscheidungen, bei denen wir uns entweder für Vielfalt und Einigung aussprechen oder denen das Feld überlassen, die dagegen wettern. Niemand weiß, wie nah wir der Katastrophe sind. Wir wissen nur, das jemand die Kette, die zu ihr führt, zerschlagen muss wie Petrow. Der richtige Zeitpunkt, an unserer Gesellschaftskultur mitzuarbeiten, ist immer jetzt. Warum, erklärt ein Roman über einen mächtigen Ring.

Wir brauchen besonnene Regierungen

Wer die rund 1.000 Seiten der ersten beiden Bände der *Herr-der-Ringe*-Trilogie liest, erkennt, warum Populisten und woke Moralisten derzeit unsere Demokratie aushöhlen. Im Fantasy-Epos von J. R. R. Tolkien zwingt eine dunkle Macht vier Hobbits in ein waghalsiges Abenteuer. Der Roman in der Fantasiewelt Mittelerde bettet neben Hobbits auch Orks, Elben und Trolle in eine Geschichte über drei Zeitalter. Viel Stoff. Tolkien muss seinen Lesern die Handlung *und* eine ganze Welt erklären.

Trotzdem versteht der Leser schon am Anfang des ersten *Herr-der-Ringe*-Romans, worum es geht: Es gibt einen guten und einen bösen Zauberer, einen gefährlichen Ring und vier Freunde, die die Welt retten müssen. Im großen Rest der ersten beiden Bände entwickelt Tolkien diese Ideen weiter und vertieft sie. Genüsslich und logisch aufgebaut.

Fassen wir die Geschichte der Menschheit auf 1.000 Seiten zusammen, stellen wir Leser vor unlösbare Probleme. Die ersten 960 Seiten langweilen mit 240.000 Jahren winziger Evolutionsschritte: „Bisschen größeres Gehirn, bisschen größeres Gehirn, bisschen größeres Gehirn." Auf Seite 961 beginnt die Ära der Landwirtschaft, auf Seite 992 wird Jesus geboren. Die letzte Seite beginnt um das Jahr 1770, also um die Zeit des amerikanischen Unabhängigkeitskriegs. Sie beschreibt das Ende religiöser Allmachtsansprüche, den technischen und geistigen Fortschritt seit Beginn der Aufklärung sowie die schnell wachsende Weltbevölkerung. Zwei Weltkriege und ein Kalter Krieg, Industrialisierung und Globalisierung, Autos,

Flugzeuge und das Internet. Das Buch der Menschheit verwirrt uns 999 Seiten lang mit Unwichtigem und überschüttet uns auf Seite 1.000 mit allen wichtigen Fragen unserer Zeit.

Atombomben und Klimawandel warnen uns: Lernen wir nicht, friedlich und vernünftig zusammenzuleben, schreiben wir keine 1.001. Seite. Unsere Vorgeschichte hilft uns dabei nicht. Unsere Gene und große Teile unserer Kultur verkörpern 999 Seiten Fehlprogrammierung. Es geht uns wie jemand, der aus einem Flugzeug geworfen wird und sich seinen Fallschirm im Fall selbst zusammenbauen soll, aber nicht genau weiß, was ein Fallschirm ist. Wir besitzen die richtigen Werkzeuge: Demokratie, Menschenrechte, freie Märkte. Trotzdem bleibt deren Gebrauch eine schier unlösbare Herausforderung.

Wir sollen die Probleme einer immer komplizierteren Welt lösen, trotz Alltagsstress und Zeitmangel, und dabei positive Menschenbilder bewahren, Echokammern verhindern und möglichst wie Wissenschaftler denken. Das kann man fordern. Aber kann man es umsetzen? Da stellt sich schnell Überforderung ein. Kein Wunder, dass viele Menschen Gut-gegen-Böse-Bildern von Populismus und Wokeness verfallen. Sie versprechen uns, Ordnung in die Welt zu bringen, wie gute und böse Zauberer uns helfen, *Herr der Ringe* zu begreifen.

Glücklicherweise bietet sich uns auch für dieses Problem eine Lösung. Wir müssen nicht alle gleich die Welt retten. Der Weg zu Demokratie, Sicherheit und Wohlstand beginnt viel näher in unserem Umfeld.

Was Sie tun können: Jetzt und bei sich anfangen!

Lange bevor Herkules zum für seine Stärke berühmten Halbgott aufsteigt, stellt ihn das Schicksal vor eine ähnliche Wahl wie uns heute. Als junger Mann zieht sich Herkules an einen ruhigen Ort in den griechischen Bergen zurück und denkt über sein Leben nach. Wie will er es führen? An einer Kreuzung begegnen ihm die zwei Optionen, die sich uns auch bieten.

Zur einen Seite verspricht eine aufwendig gekleidete Göttin alle Versuchungen. Folge Herkules ihr, mangele es ihm an nichts. Ein leichtes Leben, frei von Sorgen, Angst und Leid. Sie heiße Glückseligkeit, sagt die Göttin. Ihre Feinde nennen sie Lasterhaftigkeit. Zur anderen Seite verspricht eine zurückhaltendere Göttin Herkules nur den Lohn harter Arbeit. Sie garantiert ihm eine lange Reise voller Opfer und Sorgen. An ihrem Ende werde er zu dem, der er sein soll. Sie heiße Tugendhaftigkeit, sagt die Göttin. Herkules denkt kurz nach. Dann wählt er die Tugendhaftigkeit.

Herkules' Scheideweg beeinflusst die Menschen weit über die Antike hinaus, weil er zwei Dinge verdeutlicht:

1. *Die Lasterhaftigkeit verspricht Unhaltbares:* Nichts Wertvolles entsteht ohne Einsatz. Wer den Lohn will, muss dafür arbeiten. Es gibt keine Abkürzungen. Das gilt auch für die Politik. Wer Populisten glaubt, mit ihrer Wahl alle Probleme zu lösen, oder wer Moralisten glaubt, mit Übereifer hier und jetzt Gerechtigkeit zu schaffen, verfällt den Versprechen der Lasterhaftigkeit. Wer glaubt,

auf ewig Wohlstand und Sicherheit zu genießen, ohne sich für die Demokratie einzusetzen, ebenfalls.
2. *Tugend muss gelebt werden:* Jede Handlung, jedes Gespräch und jeder Gedanke machen uns entweder tugendhaft oder nicht. Der Weg der Tugend besteht weder aus einmaligen Handlungen noch aus bloßen Absichten und Überzeugungen. Es hilft nichts, Tugend lediglich grundsätzlich zu unterstützen. Wir müssen sie leben. Wir müssen die Millionen Gelegenheiten des Alltags nutzen, richtig zu handeln. Nur sie unterliegen unserer Kontrolle.

Auch Demokratie ist eine alltägliche Handlung. Sie besteht weder aus einmaligen Taten noch wohlfeilen Sonntagsreden. Sie fließt aus jeder Geste, durchdringt jede Handlung und zeigt sich in jedem Gespräch. Oder eben nicht. Demokratie ist die Größe, nicht in Angriff und Verteidigung zu denken, sondern in Zusammenarbeit und guten Lösungen für alle. Demokratie ist die Selbstkontrolle, nicht dem ersten egoistischen Impuls zu folgen, sondern mehrere Seiten zu durchdenken, weil wir dadurch langfristig auch die besten Lösungen für uns selbst finden. Demokratie ist die Klugheit, Tugendhaftigkeit statt Lasterhaftigkeit zu wählen.

Im Blick auf das Große vergessen wir zu schnell das Kleine. Auch weil es uns von der Pflicht erlöst, im Kleinen richtig handeln zu müssen. Im Gespräch mit dem Nachbarn. Im Umgang mit Menschen, die uns nerven, und mit Leuten, die Abscheuliches glauben. In diesen Situationen lernt unsere Gesellschaft, demokratisch zu denken. Oder eben nicht. Genug mit abgehobenen Debatten. Gerede und Argumentationen üben nicht ein Tausendstel des Einflusses eines guten Beispiels aus, schrieb Lew Tolstoi. Wir verbessern die Welt nicht, indem wir andere belehren. Wir verbessern sie, indem wir uns selbst verbessern. Indem wir andere motivieren, unserem Beispiel zu folgen. Dann machen wir die richtigen Werte sexy. Dann kommt der Rest von allein.

Wozu sollen wir große Feldzüge führen? Wer ans Gute im Menschen glaubt, muss nicht gegen Feinde kämpfen und niemandem etwas aufzwingen. Die Leute machen das schon. Wichtig ist, dass auch wir unseren Beitrag leisten. Das Streben nach Demokratie beginnt nicht in Parlamenten oder anderen vom Alltagsleben weit entfernten Orten. Es beginnt in uns.

Unser Vermächtnis bemisst sich weder nach den Reichtümern, die wir anhäufen, noch nach Machtpositionen, die wir ausfüllen. Der Wert unseres Lebens, unser Beitrag zur Menschheit, zur Gesellschaft und zur Welt im Ganzen zeigt sich in dem, was von uns übrig bleibt, wenn unsere lautesten Worte in der Unendlichkeit verhallt sind. In einer fernen Zukunft, in der unsere Forderungen nach etwas höheren oder niedrigeren Steuern, nach Gesetzesänderüngchen hier oder da so klein und unbedeutend erscheinen, wie uns ähnliche Forderungen lange untergegangener Länder heute scheinen, schwingt von uns im großen Sturm der Zeit noch ein wenig Energie mit, die diesen Sturm anficht oder glättet. Wir alle würden ihn lieber glätten als anfachen. Wir alle würden den Milliarden und Abermilliarden Menschen, die noch geboren werden, ihre Leben lieber etwas erleichtern als erschweren. Alltagsablenkungen und Kleinlichkeiten lassen uns diesen

Wunsch manchmal vergessen. Erinnern wir uns dennoch daran! Jeden Tag.

Hinterlassen wir diese Erde ein wenig besser, als wir sie vorgefunden haben! Verlangen wir viel von uns selbst, aber bleiben wir geduldig mit anderen! Seien wir Demokraten! Jetzt, nicht irgendwann.

In fünf Minuten: Bei uns selbst anfangen

- *Fehler bewusst machen:* Behaupten wir nicht, perfekte Demokraten zu sein. Jeder will seine Meinung lieber durchsetzen als aufgeben. Jeder trägt Vorurteile in sich und Widersprüche und Wissensflecken. Auch ich, auch Sie. Wollen wir uns nicht zu unbelehrbaren Moralisten entwickeln, sollten wir uns diese Schwächen regelmäßig vor Augen führen. Denn sie bilden das Rückgrat der Demokratie. Nur Menschen, die um ihre Fehler wissen, wollen sich einigen. Wer einmal die Woche über seine Schwächen nachdenkt, lebt ein besseres Leben.
- *Konzentrieren wir uns auf unser Handeln:* Wir können nicht beeinflussen, was passiert ist. Wir beeinflussen nur, wie wir reagieren. Wie wir anderen gegenübertreten, wie wir andere behandeln. Egal was in der Welt geschieht, egal wer Wahlen gewinnt und was die Regierung beschließt, nichts entbindet uns von dieser Verantwortung. Überlegen wir uns, wie wir leben wollen. Handeln wir mit Liebe, Gewissenhaftigkeit und Verständnis. Konzentrieren wir uns auf den Prozess, nicht das Ergebnis.

Literatur

Graham, Paul: Keep Your Identity Small, 2009, https://paulgraham.com/identity.html [20.12.2024].

Hobbes, Thomas: Leviathan. Hrsg. von Hermann Klenner, Hamburg 2005.

Kahneman, Daniel: Schnelles Denken, langsames Denken, München 2016.

Lipstadt, Deborah: Denying the Holocaust. The Growing Assault on Truth and Memory, London 1994.

Locke, John: Zwei Abhandlungen über die Regierung. Hrsg. von Walter Euchner, Frankfurt am Main 1977.

Masengarb, Christian: Es gewinnen alle oder keiner. Wie Sie unsere Gesellschaft vor der Selbstzerstörung durch Populismus retten, o. O. 2023.

Meachem, Jon: And There Was Light: Abraham Lincoln and the American Struggle, New York 2022.

Ötsch, Walter/Horaczek, Nina: Populismus für Anfänger. Anleitung zur Volksverführung, Frankfurt am Main 2017.

Pinker, Steven: Aufklärung jetzt. Für Vernunft, Wissenschaft, Humanismus und Fortschritt. Eine Verteidigung, Frankfurt am Main 2018.

Rosling, Hans: Factfulness. Wie wir lernen, die Welt so zu sehen, wie sie wirklich ist, Berlin 2018.

Urban, Tim: What's Our Problem? A Self-Help Book for Societies, Claymont 2023.

Die **Kohlhammer Trilogien** – Gesellschaftsthemen aus verschiedenen Perspektiven beleuchtet!

Die Sachbuchreihe **Kohlhammer Trilogien** behandelt aktuelle gesellschaftliche Themen in drei Bänden aus unterschiedlichen Perspektiven. Die Bücher bieten abgesicherte Hintergrundinformationen und gecheckte Fakten. Die Inhalte sind knapp, verständlich und journalistisch geschrieben – kurz: spannend.

Sie können die Bände einzeln beziehen oder im Paket zum Vorteilspreis.

Band 1
Benjamin Hindrichs
Rechtspopulisten:
Radikale auf dem Weg zur Macht
166 Seiten, fester Einband
ISBN 978-3-17-044980-0
€ 19,– (D) / CHF 22,80 / € 19,50 (A)

Band 2
Katharina Ceming
Entspannt Euch!
Warum moralische Empörung nicht hilft
164 Seiten, fester Einband
ISBN 978-3-17-044977-0
€ 19,– (D) / CHF 22,80 / € 19,50 (A)

Band 3
Christian Masengarb
Make Democracy Sexy Again:
In fünf Minuten pro Woche
177 Seiten, fester Einband
ISBN 978-3-17-044983-1
€ 19,– (D) / CHF 22,80 / € 19,50 (A)

Paket der drei Bände
zum Vorteilspreis
„Von Hetzern und Empörten"
507 Seiten, fester Einband
ISBN 978-3-17-045024-0
€ 48,– (D) / CHF 57,60 / 49,30 (A)

Weitere Informationen unter **shop.kohlhammer.de**

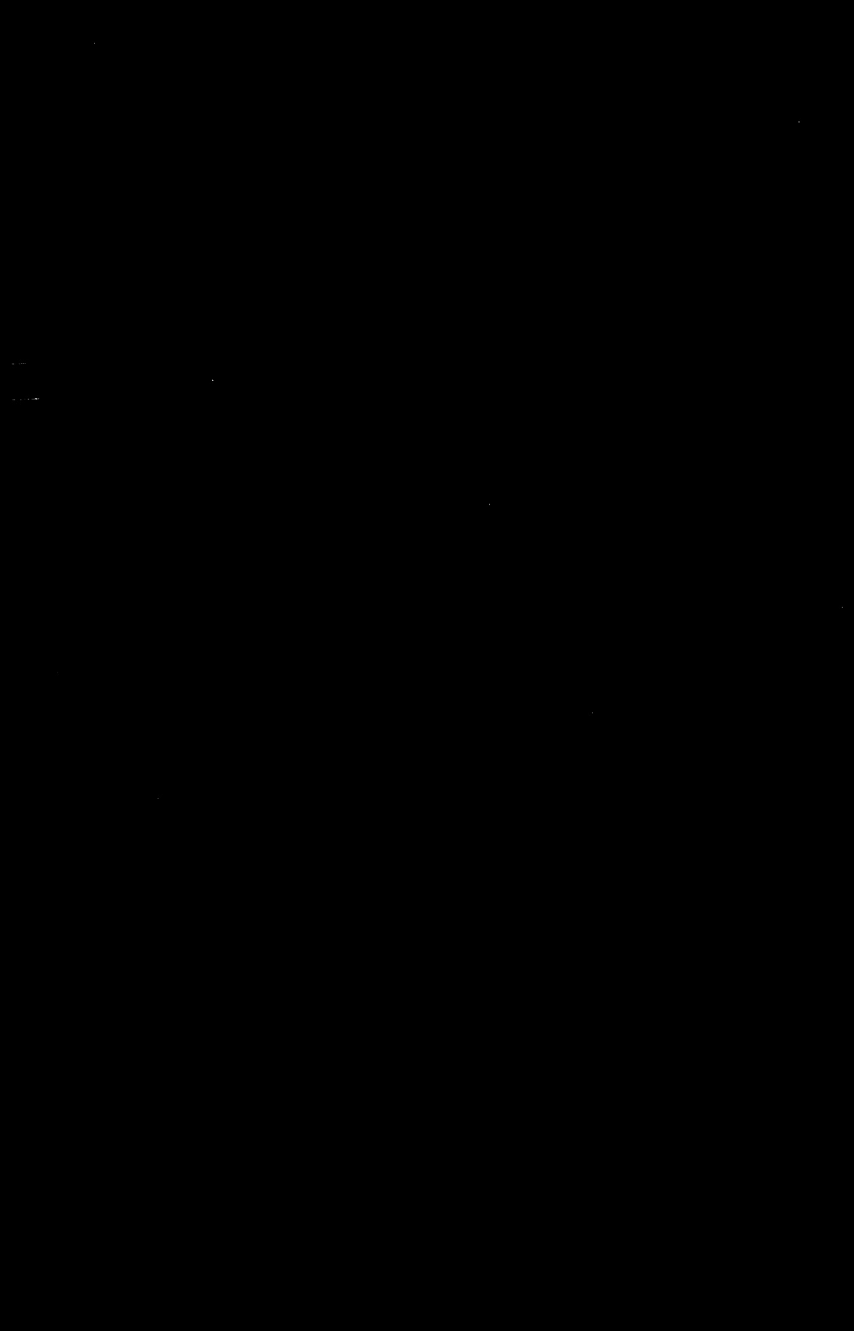

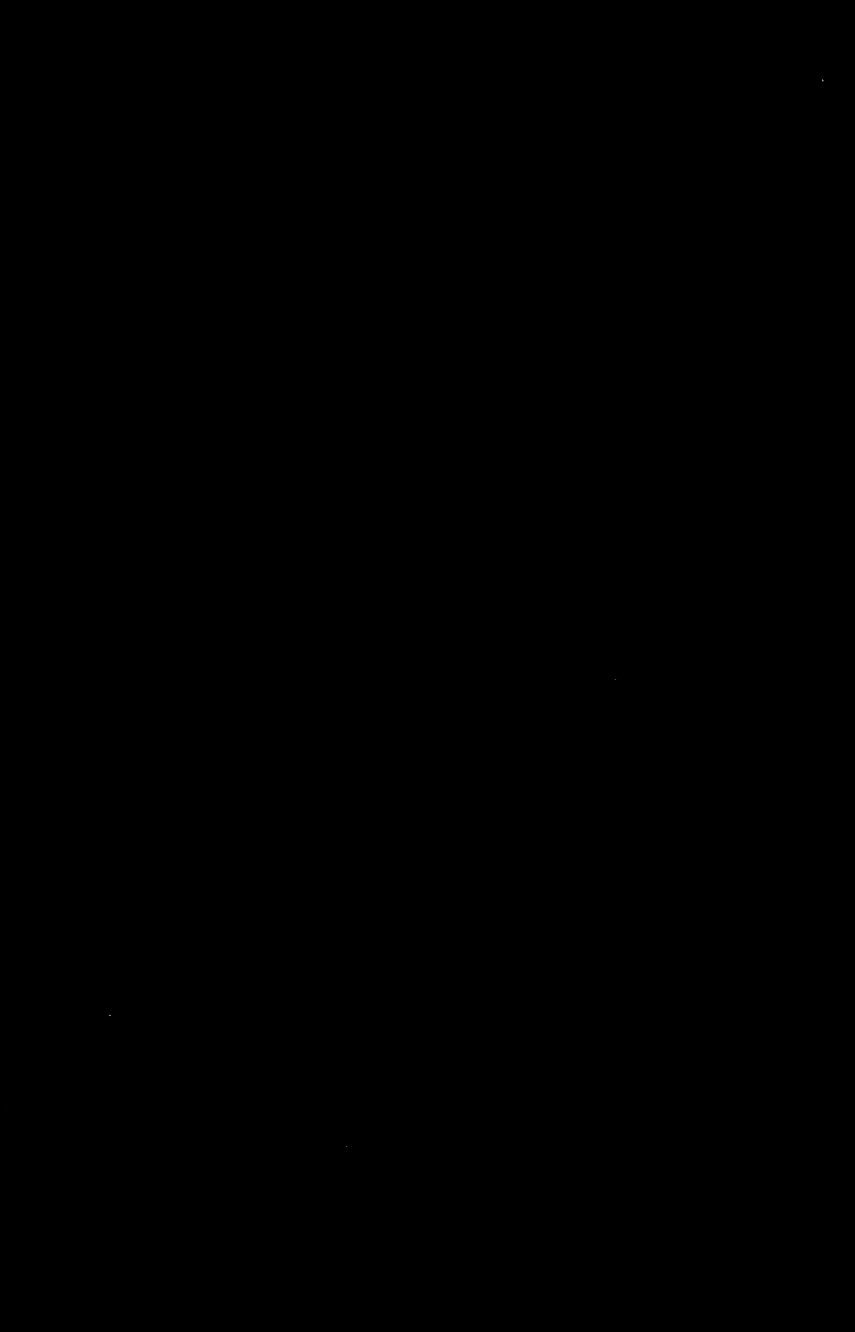